Richard Weixler / Wolfgang Hauer

Garten- &
Schwimmteiche

Bau – Bepflanzung – Pflege

2. Auflage

Leopold Stocker Verlag
Graz – Stuttgart

Umschlaggestaltung: Grafik Oberhofer, Villach
Umschlagfoto: Wolfgang Hauer, Scharfling
Die Fotos im Textteil wurden dem Verlag freundlicherweise von Fam. Szkiba/Riedel, Davor Situm, Josef Lettner, Fam. Brandstetter, Simone Haidinger, Gerhard Brandlmaier, Stadtgemeinde Gloggnitz, Margarete Payrhuber und den Autoren zur Verfügung gestellt.
Grafiken: Richard Weixler, Simone Haidinger, Wels

Der Inhalt dieses Buches wurde von den Autoren und dem Verlag nach bestem Wissen (und Gewissen) überprüft; eine Garantie dafür kann jedoch nicht übernommen werden. Die juristische Haftung ist daher ausgeschlossen.

Hinweis:
Dieses Buch wurde auf chlorfrei gebleichtem, unter den Richtlinien von ISO 9001 hergestelltem Papier gedruckt.
Die zum Schutz vor Verschmutzung verwendete Einschweißfolie ist aus Polyethylen chlor- und schwefelfrei hergestellt. Diese umweltfreundliche Folie verhält sich grundwasserneutral, ist voll recyclingfähig und verbrennt in Müllverbrennungsanlagen völlig ungiftig.

ISBN 3-7020-0804-7
Alle Rechte der Verbreitung, auch durch Film, Funk und Fernsehen, fotomechanische Wiedergabe, Tonträger jeder Art, auszugsweisen Nachdruck oder Einspeicherung und Rückgewinnung in Datenverarbeitungsanlagen aller Art, sind vorbehalten.
© Copyright by Leopold Stocker Verlag, Graz 1998; 2. Auflage 2000
Printed in Austria
Gesamtherstellung: Druckerei Theiss GmbH, A-9400 Wolfsberg

INHALT

VORWORT 7

EINFÜHRUNG 9

WELCHES GEWÄSSER PASST IN MEINEN GARTEN? 12
    Die Wahl des Standortes 12
    Vorarbeiten und Organisation des Ablaufes 13
    Material, Zubehör und Bepflanzung 13

KLEINE WASSERGÄRTEN 15
    Pflanzen in Gefäßen 15
    Das Sumpfbeet 15
    Das Moorbeet 17

GARTENTEICHE – ZIERTEICHE 18
    Planung – Baubeginn – Aushub 18
    Vorbereitung des Untergrundes 22
    Abdichtung 22
    Teicheinrichtung 23
    Formale Becken im Garten 27
    Bepflanzung 27
    Stege und Brücken 29
    Steine 31
    Technik 31

BIOTOPE – NATURNAHE TEICHE 34
    Gestaltung 36
    Bepflanzung 36
    Erhaltung natürlicher Gewässer 36

ABDICHTUNGSMÖGLICHKEITEN VON TEICHEN 37
    Lehm 37
    Teichfolien 38
    Beton 41
    Fertigbecken 41
    Glasfaserverstärkte Kunststoffe (GFK) 42

SCHWIMMTEICHE 43
    Planung 43
    Vorbereitung 47
    Organisation 48
    Aushubmaterial – Untergrund 49
    Betonbecken im Teich 52
    Abgrenzung mit Teichsäcken 54

3

Inhalt

Abgrenzung aus Holzstämmen 56
Abgrenzung mit Holzbecken 59
Abgrenzung aus Steinen 59
Naturnaher Badeteich 60
Schwimmbecken mit Binsenkläranlage 61
Renovierung von alten Teichen 64
Umbau von Swimmingpools 65
Technik im Schwimmteich 66
Oberflächenabsaugung 68
Bepflanzung 70

CHECKLISTE FÜR DIE ERRICHTUNG VON SCHWIMMTEICHEN 74

ÖFFENTLICHE SCHWIMMTEICHE 76
Langzeiterfahrungen in Österreich 76
Eigenbau durch Gemeinden 78
Einige Anlagen werden vorgestellt 78
Pflege bei öffentlichen Anlagen 80

DER TEICH ALS KOLLEKTOR 81

BEWEGTES WASSER 82
Bachlauf, Wasserfall, Fontäne 82
Filter 86
Wasserbelebungsgeräte 87

BIOLOGIE IM TEICH 89
Das biologische Gleichgewicht 89
Der Sauerstoffgehalt 89
Der pH-Wert 90
Der Kohlendioxid- und Kalkgehalt 90
Der Nährstoffhaushalt 91

PFLANZEN FÜR DEN TEICH 93
Pflanzen für die Sumpfzone 93
Moorpflanzen 95
Pflanzen für die Flachwasserzone 97
Pflanzen für den Tiefbereich 101
Seerosen 103
Tropische und subtropische Wasserpflanzen 106
Krankheiten und Schädlinge 107

TIERE IM UND AM TEICH 110
Mückenplage und Froschkonzert? 110
Mikroorganismen und Zooplankton 110

Insekten 111
Schnecken 115
Muscheln 115
Amphibien 117
Krebse 125
Fische 125

WELCHE PROBLEME KÖNNEN AUFTRETEN? 128
Sicherheit für Kinder 128
Bauliche Schwierigkeiten 128
Loch in der Abdichtung 131
„Kippen" des Teiches 132
Algen 133
Algenbekämpfung 134
Fische 137
Bisamratten 137
Wasservögel 139

WARTUNG UND PFLEGE 140
Teichzubehör 140
Regelmäßige Wartungsarbeiten 141
Pflege von Biotopen 141
Pflege des Gartenteiches 141
Der Teich im Winter 143
Pflege des Schwimmteiches 143
Pflegetips im Jahresverlauf 145

KOSTEN- UND ARBEITSAUFWAND 146
Biotope 146
Gartenteiche 147
Schwimmteiche 148

MUSTERPLÄNE 152

DIVERSE BEZUGSQUELLEN 156

LITERATUR 158

NACHWORT 159

Danksagung

Herrn DI Werner Gamerith sei gedankt für die Mitteilung seiner Erfahrungen über den ersten Schwimmteich Österreichs, die er uns bereitwillig zur Verfügung stellte.

Von Frau Justine Töpel und Dr. Hans Pesendorfer konnten wir interessante Informationen über Laubfrösche und deren Aufzucht erfahren – sie leisten einen wichtigen Beitrag zum Bestand dieser liebenswerten Lurche.

Von Herrn Pedro Pajero konnten wir viel über Abwasserteiche lernen – er errichtete den ersten Schwimmteich in Chile.

Letztendlich herzlichen Dank an Simone Haidinger, die den Text und die Skizzen „druckfertig" machte.

VORWORT

Gartenteiche und Biotope erfreuen sich immer größerer Beliebtheit; sie haben in den letzten Jahren in viele Gärten Einzug gehalten. Entweder wurden sie von einem Gärtner oder – mit weniger finanziellem Aufwand – im Eigenbau errichtet. Mit Hilfe guter Fachliteratur ist dies auch kein großes Problem. Schwieriger ist es mit Schwimmteichen: Sie sind wesentlich größer, aufwendiger und teurer, das Risiko, etwas falsch zu machen, ist groß.

Mit Hilfe dieses Buches können Sie jedoch die Erfahrungen aus zwei Jahrzehnten Teich- und Schwimmteichbau nachlesen. Richard Weixler ist einer der Pioniere, was die Entwicklung von Schwimmteichen und ökologischen Schwimmbädern betrifft, Wolfgang Hauer ist ein exzellenter Kenner und ein hervorragender Fotograf der Tierwelt im Wasser.

In den letzten Jahren haben sich einige Firmen etabliert, die über ein Jahrzehnt Erfahrungen im Schwimmteichbau gesammelt haben, aber auch die Zahl der „Selbermacher" ist gestiegen. In Zusammenarbeit mit einem Fachbetrieb ist die Gestaltung mit Eigenleistungen kein Problem. Schwimmteiche sind somit für nahezu jeden Gartenbesitzer erschwinglich geworden, das ist durchaus positiv: Es wäre schade, bliebe diese hervorragende ökologische Entwicklung nur einer Minderheit vorbehalten. Jeder neuerrichtete Schwimmteich bereitet den Benützern ja nicht nur Badevergnügen, sie haben zudem die Möglichkeit, bisher unbekannte Pflanzen und Tiere sowie ökologische Zusammenhänge kennenzulernen. Der erzieherische Wert ist besonders für die Jugend bedeutend; wichtig ist aber auch, daß jedes Jahr eine große Anzahl von Gewässern geschaffen wird, in denen selten gewordene Lebewesen eine neue Heimat finden können. Dieses Buch möge dazu beitragen, daß noch viele solcher Lebensräume für Mensch, Tier und Pflanze eingerichtet werden, damit wir unsere Beziehung zur Natur aufbauen und vertiefen können.

Von einigen Kollegen haben wir den Vorwurf bekommen, mit dem Verfassen dieses Buches Know-how preiszugeben, so daß sich jeder seinen Schwimmteich selber bauen kann. Unsere Antwort ist stets dieselbe: Es wird immer Menschen geben, die sich ihren Schwimmteich von einem Fachbetrieb fix und fertig errichten lassen, auch wenn sie genau wissen, wie es funktioniert. Andere wieder werden durch Eigenleistungen Kosten einsparen wollen und sich dennoch an einen Fachmann wenden, was Planung, Abdichtung, Zubehör und Bepflanzung betrifft. Und außerdem: Wenn sich schon jemand seinen Teich selber baut, sollte er das wenigstens halbwegs richtig machen können.

Lassen Sie sich durch dieses Buch ermuntern und anregen, ein so wundervolles Gewässer in Ihrem Garten zu verwirklichen – sei es im Eigenbau oder mit Hilfe einer kompetenten Firma.

Unser ganz besonderes Anliegen ist es, einen Beitrag dazu zu leisten, daß Lebensräume für bedrohte Pflanzen und Tiere entstehen, daß immer mehr Menschen die Erfahrung machen, wie bereichernd es ist, im Einklang mit der Natur zu baden – und zu leben.

Die Autoren

EINFÜHRUNG

Selbst eine flache Keramikschale mit einer Zwergseerose und einigen Sumpfpflanzen vermag im achten Stockwerk eines Hochhauses eine Libelle anzulocken und Vögeln als Tränke zu dienen. Freilich bietet ein Biotop im Garten wesentlich mehr Lebensraum – doch die Freude des Besitzers am lebendigen Wasser ist dieselbe. Wasser ist Leben – bei Betrachtung einer Wasserfläche beruhigt sich das Gemüt, der Mensch schöpft aus diesem belebenden Element neue Kräfte.

Kleine Wassergärten

Bereits ein paar Quadratmeter genügen, sich einen kleinen Wassergarten mit reichlich blühenden Pflanzen zu schaffen.

So stellen sich immer mehr Menschen mit Wasser gefüllte Gefäße auf und umgeben sich mit den schönsten Sumpf- und Wasserpflanzen. Zwergseerosen in allen Farben gedeihen gut in diesen Miniteichen, die sich rasch erwärmen. Zum Überwintern kommen die Pflanzen in den Keller oder an einen anderen kühlen, frostfreien Ort.

Gartenteiche

Wenn Sie vor allem auf eine optisch schöne Gestaltung, auf eine gut sichtbare Wasseroberfläche mit schönen, aber übersichtlichen Pflanzen Wert legen, ist ein Gartenteich genau das richtige. Er soll das Auge des Betrachters erfreuen; das Thema *Lebensraum* steht an zweiter Stelle. Es gibt sehr viele Möglichkeiten, einen Gartenteich zu gestalten: Folienteiche, Fertigbecken, Betonbecken…

Biotope

Bei der Gestaltung eines Biotops steht der Naturschutzgedanke im Vordergrund. So ein „naturnaher Teich" soll Lebensraum für selten gewordene, heimische Pflanzen und Tiere sein. Vielerorts wurden jahrzehntelang Teiche, Tümpel und Wassergräben zugeschüttet und trockengelegt. Die meisten Bewohner von Feuchtlebensräumen sind daher vom Aussterben bedroht und auf Ersatzlebensräume in unseren Gärten angewiesen. Ein *Biotop* oder *naturnaher Teich* muß daher nicht „schön" sein, sondern soll den Zweck erfüllen, selten gewordenen Lebewesen ein Zuhause zu bieten. Der Beobachter wird dennoch seine Freude daran haben, wenn er merkt, daß Frösche, Kröten oder Molche in das Gewässer eingezogen sind und abgelaicht haben, auch wenn vor lauter Pflanzen und Algen manchmal kaum die Wasserfläche zu sehen ist. Die verpönten Algen erfüllen im Biotop aber eine wesentliche Aufgabe: sie sind Versteck und Nahrungsquelle für Molchlarven, Kaulquappen und unzählige andere kleine Wassertiere.

Schwimmteiche – Lebensraum für Mensch, Tier und Pflanze

Schwimmteiche oder Öko-Schwimmbäder sind in den letzten Jahren mit Recht sehr populär geworden. Viele von uns haben noch in Teichen, „Schwimmschulen" oder kleinen Seen schwimmen gelernt, es stellt für sie daher oft ein besonderes Vergnügen

Einführung

dar, sich im eigenen Garten einen naturnahen Schwimmteich zu errichten. Andere wieder suchen eine ökologische Alternative zu herkömmlichen Pools, um sich und ihren Kindern das Baden in gesundem Wasser ohne Chemie zu ermöglichen. Diese Entwicklung ist sehr erfreulich, da ein Schwimmteich auch vielen Pflanzen und Tieren Lebensraum bieten kann. Schwimmteiche sind der Natur nachempfundene Gewässer; so sie richtig angelegt sind, hat der Besitzer das ganze Jahr über seine Freude daran: Im Sommer wird gebadet, im Winter kann man eislaufen oder eisstockschießen, im Frühjahr gibt es herrliche Blütenpflanzen zu bewundern und Lurche zu beobachten. Anstatt im Sommer kilometerweit zum nächsten See zu fahren, entspannt man sich am eigenen Schwimmteich.

Entwicklung des Schwimmteiches

Seit etwa Mitte der achtziger Jahre werden in Österreich Schwimmteiche professionell gebaut. Ursprünglich kam die Idee aus Deutschland: Herr Schwedtke aus Ruhwinkel kappte die Mauern seines Pools, grub Seichtzonen rundherum, die er nach dem Verlegen einer Folie bepflanzte. Geschwommen wurde im ehemaligen Pool, in den Pflanzzonen wurde das Wasser gereinigt. Dipl.-Ing. Gamerith errichtete den ersten Schwimmteich dieser Art im oberösterreichischen Mühlviertel. Bei diesem „Teich", der übrigens noch immer bestens funktioniert, wurde *auf* die Folie ein Betonbecken gesetzt – der Schwimmbereich war fertig. Mittlerweile wurden viele andere Bauweisen von innovativen Gärtnern und Gartenbesitzern entwickelt, manche sind für den Selbstbau gut geeignet, andere weniger. In den letzten zehn Jahren entstanden in ganz Europa tausende Schwimmteiche verschiedener Bauarten und Größen – die meisten davon wohl in Österreich, darunter viele öffentliche Badeanlagen.

Mensch und Tier im selben Teich

Die Angst, beim Schwimmen einer „Krot" zu begegnen, ist unbegründet: Instinktiv halten sich Tiere mehr im Pflanzbereich und in Ufernähe auf. Die meisten Lurche haben ihr Laichgeschäft auch längst beendet und sind abgewandert, wenn etwa im Mai die Badesaison beginnt. Der Nachwuchs sorgt nun dafür, daß Algen und Mückenlarven vertilgt werden.

Wie funktioniert ein Schwimmteich?

Etwas mehr als die Hälfte der Wasseroberfläche bleibt Pflanzen und Tieren vorbehalten. In diesem Regenerationsbereich finden hauptsächlich die Klärung und Reinigung des Wassers statt – er sollte daher möglichst wenig betreten werden. In der anderen Hälfte kann – sobald sich ein gewisses biologisches Gleichgewicht eingestellt hat – nach Herzenslust geschwommen und gebadet werden. Über einen bequemen Einstieg oder eine Leiter (oder mit einem kühnen Sprung vom Steg) gelangt man in den tiefen Schwimmbereich.

Sind Sie reif für einen Schwimmteich?

Eine Grundbedingung, um mit einem Schwimmteich glücklich zu werden, sind Naturliebe und Geduld. Wer einen klinisch reinen Teich erwartet, in dem die Steine immer hell schimmern, sollte lieber gleich bei einem Swimmingpool bleiben. Wenn Sie jedoch bereit sind, sich auf die biologischen Kreisläufe im Teich einzustellen, Zusammenhänge zu erforschen und zu begreifen, werden Sie am und im Teich wunderbare Stunden verbringen. Bevor Sie sich entscheiden, sollten Sie sich auf jeden Fall einige Schwimmteiche anschauen, die älter als fünf oder zehn Jahre sind. Dann werden Sie entscheiden können, ob ein Schwimmteich für Sie das richtige ist.

Vorteile eines Schwimmteiches
- Badefreuden, ohne ins Auto steigen zu müssen
- Ein Stück Natur im Garten
- Das ganze Jahr über eine Augenweide
- Lebensraum für viele selten gewordene Tiere
- Viele Nutzungsmöglichkeiten: Baden im Sommer – im Winter eislaufen – für Pflanzen- und Tierbeobachtungen – Wasserreservoir.
- Gesundes Baden ohne Chemie
- Geringer Energieverbrauch im Betrieb
- Relativ niedrige Anschaffungs- und Erhaltungskosten

Nachteile eines Schwimmteiches
- Gewisse Gefahrenquelle für Kinder
- Relativ hoher Platzbedarf
- Wenn er nicht richtig gebaut ist, hoher Pflegeaufwand

WELCHES GEWÄSSER PASST IN MEINEN GARTEN?

In nahezu jedem Garten ist die Anlage eines Biotops oder eines Zierteiches möglich; Sie sollten jedoch gut überlegen, welche Erwartungen Sie haben. Es hat wenig Sinn, in einem engen Vorgarten in der Stadt einen Lebensraum für Lurche zu gestalten und sie auch einzusetzen, die armen Tiere würden unweigerlich platte Opfer des Straßenverkehrs, da sie wandern. Für einen Seerosenteich jedoch mag der Platz ideal sein, wenn er mehrere Stunden Sonne bekommt. Auch ein Teich im Schatten hat einen besonderen Reiz, und viele Pflanzen gedeihen dort ebenfalls gut – doch wären Seerosen hier fehl am Platz.

Ein Naturgarten am Stadtrand oder in ländlichem Gebiet kann zu einem wertvollen ökologischen Lebensraum werden, wenn ein Biotop, das für Lurche geeignet ist, geschaffen wird. Für einen Schwimmteich braucht man einen größeren Platz und auch mehrere Meter Abstand von Bäumen – sonst ist die Freude im wahrsten Sinne des Wortes bald getrübt. Kurzum: Für jeden Garten gibt es das richtige Gewässer, aber die Gegebenheiten müssen dazu passen.

Die Wahl des Standortes

Eine offene, zumindest teilweise besonnte Fläche, wäre für Biotope, Garten- und Badeteiche *optimal*. Der Teich sollte nicht unbedingt *mitten* in der Wiese entstehen, sondern in Anlehnung an vorhandene Bepflanzungen und andere Bereiche. Zuviel Laubeintrag in Biotope und Teiche muß vermieden werden, da sie sonst schnell verlanden; außerdem liefert grünes Laub Nährstoffe für Algen. Somit scheiden Standorte unter dichten Büschen und Bäumen von vornherein aus. In der Regel sollte ein Teich nicht unter die Krone eines Baumes oder unter die überhängenden Zweige von Sträuchern reichen – halten Sie einige Meter Abstand, besonders wenn Sie klares Wasser schätzen! Je nachdem, wie lange ein Standort besonnt ist, werden bestimmte Pflanzen besser oder weniger gut gedeihen. Seerosen brauchen mindestens sechs Stunden Sonne, wenn sie ihre prächtigen Blüten entfalten sollen – manche Sorten noch mehr. Ansonsten gibt es Sumpf- und Wasserpflanzen für jeden Standort; auch wenn die meisten einen sonnigen Platz schätzen, kann maximale Sonnenbestrahlung die Pflanzen ebenfalls beeinträchtigen.

Aber auch andere Gegebenheiten müssen bei der Standortwahl Beachtung finden: Platz für das Schneiden von Hecken und für den Transport von Gartengeräten, auch sollte genügend Distanz zum Grundstück des Nachbarn bleiben.

Bei Schwimmteichen müssen die diesbezüglichen gesetzlichen Bestimmungen genau eingehalten werden, soll es später nicht zu unliebsamen Überraschungen kommen.

Wie weit ein Teich vom Haus entfernt liegen soll, ist Geschmacksache. Wasser in unmittelbarer Nähe einer Terrasse z.B. ist sehr anziehend, besonders für Kinder. Eine gute Sicht vom Wohnzimmer oder von der Küche auf die Wasserfläche ist daher gewiß ein Vorteil.

Welches Gewässer paßt in meinen Garten?

Nicht zuletzt sollte ein Schwimmteich an einer Stelle entstehen, die mit dem Bagger erreichbar ist, und an der keine Erdkabel, Kanalrohre oder Drainagen beschädigt werden können.

Standortwahl für Biotope

Wenn Sie sich entschlossen haben, einen Lebensraum für Frösche, Molche, Kröten und Unken oder andere Tiere anzulegen, sollte dieser an eine Blumenwiese, an Büsche, Bäume und Hecken grenzen. Dort haben die Tiere Versteckmöglichkeiten und Nahrung, vielleicht auch Laub- oder Holzhaufen zum Überwintern. Manche Lurche lieben stark besonnte, seichte Tümpel, wie z.B. Laubfrösche, Wechselkröten und Gelbbauchunken. Sie suchen Gewässer auf, die im Winter bis auf den Grund zufrieren und im Sommer teilweise austrocknen – so können sie sicher sein, daß ihr Nachwuchs nicht von größeren Fischen, Libellenlarven und anderen Feinden aufgefressen wird.

Vorarbeiten und Organisation des Ablaufes

Haben Sie den idealen Standort gefunden, wird die Form festgelegt. Dazu nehmen Sie einen hellen Gartenschlauch oder ein Seil, mit dem die Konturen gut zu formen sind. Mit einer Waaglatte werden alle 1–2 m kleine Pflöcke, die 10 cm über das Niveau ragen sollten, einnivelliert. Nun läßt sich erkennen, ob das Gelände eben ist oder ob an einer Stelle aufgeschüttet werden muß.

Soll der Aushub mittels Baggers geschehen, sollte die Zufahrt dafür freigemacht werden. Minibagger sind etwa 1 m breit, größere Drehkranzbagger gibt es von 1,8 m bis 3 m Breite. Bei einer Wasseroberfläche von mehr als 50–100 m² ist ein größeres Gerät ratsam, etwa 4–7 t.

Der Aushub kann für einen Hügel, von dem vielleicht ein Wasserfall plätschern soll, aufgeschüttet werden. Es sollte darauf geachtet werden, daß der Aushub gut verdichtet wird, da er beim Ausbaggern um bis zu 70% auflockert! Hügel und Böschungen sinken daher oft 10–20% nach.

Wird der Aushub weggebracht, muß ein LKW, eventuell mit einem Greifer, organisiert werden, ansonsten müßte der Bagger laden. Ist eine Zufahrt mit dem LKW nicht möglich, sollten genügend Helfer zur Verfügung stehen, die den Aushub mit Schubkarren zu einem Container bringen.

Ist eine Zufahrt bis in Teichnähe möglich, können später dort Schotter, Sand- und Kiesmaterial auf ein vorbereitetes Vlies abgeladen werden – so wird der Rasen geschont. Material, das zuerst gebraucht wird, wird in unmittelbarer Teichnähe gelagert.

Material, Zubehör und Bepflanzung

Schon bevor die Teichmulde gegraben wird, sollte feststehen, welche Abdichtung verwendet wird. Diese muß oft erst nach Maß angefertigt werden. Folien, die auf 4, 6 und

13

8 m vorgefertigt sind, kosten allerdings weniger als Sondermaße. Auch was Steine, Kies und Sand betrifft, ist eine Vorbestellung günstig. Kleine Findlinge können in manchen Schottergruben gegen geringes Entgelt selbst ausgesucht und mitgenommen werden, größere läßt man sich am besten mit einem LKW mit Greifer zustellen, der den Stein exakt an seinen Platz setzen kann. Die Preise für Findlinge variieren zwischen öS 350,– (DM 50,–) und öS 2.100,– (DM 300,–) pro Tonne, ohne Zustellung.

Sollen Unterwasserscheinwerfer, Pumpe oder Filter eingebaut werden, empfiehlt es sich, diese beizeiten bei einer Fachfirma zu besorgen. Womöglich sollten Markenartikel bezogen werden, da sie meist wesentlich länger halten als billige Sonderangebote. Dasselbe gilt auch für Seerosen, Sumpf- und Wasserpflanzen, die oft in erbärmlichen Behältern in Supermärkten in der Sonne halb vertrocknen, da das Personal mit der Pflege überfordert ist. Der Besuch einer guten Wasserpflanzengärtnerei ist hier die Lösung. Sie erhalten dort auch fachgerechte Beratung für die weitere Versorgung der Pflanzen. Außerdem bereitet es Freude, die Pflanzen aus den Beeten selbst auszusuchen. Manche Gärtner bieten über hundert verschiedene Sorten von Sumpf-, Wasserpflanzen und Seerosen an. Einige Firmen sind auf Versand spezialisiert; Adressen erhalten Sie bei der *Gesellschaft der Wassergartenfreunde* (siehe Anhang).

KLEINE WASSERGÄRTEN

Auch ohne Garten können Sie „Teichbesitzer" werden und sich mit verschiedenen Gefäßen einen kleinen Wassergarten anlegen.

Pflanzen in Gefäßen

Besonders geeignet sind dichte Keramikschüsseln, Kunststoffgefäße und halbierte Holzfässer. Letztere sollten mit dünner Folie (0,7–1,0 mm) ausgekleidet werden, damit das Wasser nicht durch Alkoholrückstände oder ähnliches verunreinigt wird. Die Wassertiefe ist variabel, jedoch sollte ein Gefäß mindestens 10 cm Tiefe haben, damit eine gewisse Wasserreserve vorhanden ist. Da solche Gefäße starken Temperaturschwankungen ausgesetzt sind, ist ein zumindest teilweise beschatteter Standort günstig. Zwergseerosen sind für derartige „Minibiotope" sehr gut geeignet; sie brauchen 15–45 cm Wasserstand und entfalten ihre Blüten reichlich, wenn sie 7–8 Stunden besonnt werden. Die Seerose wird mit dem Topfballen gesetzt, ein wenig Humus und Lehm werden hinzugegeben, das Ganze wird mit Sand abgedeckt und eventuell mit 2–3 Steinen beschwert. Es schadet nicht, wenn auch einige Tauchpflanzen (Hornkraut, Chara) mit eingesetzt werden.

> **Wichtig:** *Den Winter über werden die Seerosen entweder in den kühlen Keller gebracht (ca. 5° C) oder in einen Teich gestellt, wo sie frostfrei in tieferen Zonen überwintern.*

Viele blühende Sumpf- und Wasserpflanzen sind für Gefäße ebenfalls gut geeignet. Der Phantasie und der Pflanzenauswahl sind keine Grenzen gesetzt. Freilich wird die eine Sorte besser und manche andere nicht so gut gedeihen, da auch Standort und Substratbeschaffenheit eine Rolle spielen. Mehrere Gefäße an einer Stelle sehen sehr gut aus, vor allem, wenn sie verschiedene Wassertiefen – und dadurch verschiedene Pflanzen – beherbergen.

Empfehlenswerte Sorten: Iris, Blaue Sumpfschwertlilie, Blutweiderich, Bunte Houttuynia, Froschlöffel, Gauklerblume blau, Gauklerblume gelb, Gnadenkraut, Lobelie rot, Sumpfgladiole, Sumpfprimel, Wiesenknöterich etc.

Das Sumpfbeet

Mit einem einfachen Holzrahmen von 10–25 cm Höhe und einer 1,0 mm starken Teichfolie können Sie ohne viel Aufwand ein Sumpfbeet gestalten. Entweder stellen Sie den Holzrahmen einfach auf die Erde oder Sie graben noch Material ab – je nach Tiefe, die das Beet haben soll. Dieses sollte 15–25 cm tief sein und mit Humus-Lehm-Sand-Mischung bis fast an den Rand aufgefüllt werden. Die Pflanzen werden gruppenweise gesetzt; solche, die Halbschatten lieben, kommen in die Nähe größerer „Schattenspender". In Kürze wird das Beet üppig bewachsen sein. Vermeiden Sie jedoch, stark wuchernde Pflanzen wie *Seggen* einzusetzen; sie könnten innerhalb kurzer Zeit alle anderen Gewächse überwuchern. Es ist sehr nett, wenn immer etwas blüht – deshalb soll-

Langstieliges Hechtkraut, rote Lobelie und weiße Sumpfiris kommen gut in Töpfen zur Geltung

Gestreifter Kalmus, Wollgras und Froschlöffel im Sumpfbeet mit 15–20 cm Wasserstand

Neu angelegtes Moorbeet mit Sumpfkalla, Tiefe 30 cm, Wasserstand 5 cm

Kleine Wassergärten

ten Sie die Auswahl der Pflanzen auch nach deren Blütezeit richten. Sie ist auf dem Etikett angeführt, wie auch Wasserstand und der richtige Standort.

> **Wichtig:** *Ein dicht bepflanztes Beet verdunstet sehr viel Wasser, an einem Tag bis zu 2 cm. Sorgen Sie dafür, daß die Erde zumindest immer feucht ist; es schadet den meisten Pflanzen auch nicht, wenn sie kurzzeitig überflutet werden. Ein Schwanken des Wasserstandes von 10 cm ist meist unproblematisch.*

Empfehlenswerte Sorten
Sumpfdotterblume, Bachnelkenwurz, Rosenprimel, Pfennigkraut, Gauklerblume, Sumpfkalla, Fieberklee, Bachbunge, Froschlöffel, Iris, Pfeilkraut, Zungenhahnenfuß, Zwergrohrkolben, Lobelien, Hechtkraut, Zebrabinse, Kaltwasserfeder.

Das Moorbeet

Wollen Sie ein natürliches Moor nachempfinden, sollte die Teichmulde etwa 40 cm tief ausgegraben werden. Nach erfolgter Abdichtung wird das Moorbeet mit Torf oder Moorerde bis fast an den Rand befüllt. In der Mitte könnte eventuell eine kleine Mulde sein, in der ein Stück Wasserfläche zu sehen ist. Allzuviele Gewissensbisse brauchen sie sich wegen ein paar Torfballen nicht zu machen; zwar ist es bedauerlich, daß Moore weiterhin abgebaut werden, andererseits verzichten gerade Großgärtnereien nicht auf das begehrte Material, das in Millionen Kubikmetern verbraucht wird. Es gibt aber die Möglichkeit, abgelagerte Sägespäne und Humus unter den Torf zu mischen; so wird dieser wenigstens teilweise eingespart. Einige Wurzelstöcke oder halbvermoderte Baumstämme sehen nicht nur dekorativ aus, sie können auch Versteck für Tiere und Untergrund für manch interessante Pflanze sein.

Eventuell können Sie in der Mitte des Beetes eine Stelle so gestalten, daß 20–30 cm Wassertiefe entsteht; dort kann der Wasserschlauch *(Utricularia)* angesiedelt werden, der mitunter im Sommer seine reizenden gelben Blüten entfaltet.

Empfehlenswerte Sorten
Wollgras, Fieberklee, Sumpfcalla, Bachnelkenwurz, Sumpf-Blutauge, Gnadenkraut, Flammender Hahnenfuß, Pfeilkraut, Nadelsimse, Tannenwedel.

Empfehlenswerte Sorten finden Sie auch im Kapitel „Pflanzen für den Teich".

GARTENTEICHE – ZIERTEICHE

Hier kommt es weniger auf den Schutz seltener Pflanzen und Tiere an, sondern in erster Linie auf die schmückende Wirkung. Gartenteiche sind meist übersichtlich und gut gepflegt; oft finden sich darin Wasserspiele, Fontänen oder ein Sprudelstein – im großen und ganzen soll der Teich dem Betrachter gefallen, das Thema „natürlicher Lebensraum" steht an zweiter Stelle. Oft ist eine größere Wasserfläche gut sichtbar, wenig Pflanzenwuchs an den Ufern und nur einzelne Seerosen. Trotzdem kann so ein Teich einiges zum Beobachten bieten: Libellen, Schmetterlinge und andere Insekten werden angelockt, sogar Frösche und Molche besiedeln ihn, solange keine Fische eingesetzt werden. Zwar sind Goldfische im Gartenteich ein durchaus netter Anblick, doch sind sie in gewisser Weise auch langweilig: Wenn man das Balzen der Teichmolche im klaren Wasser und das Heranwachsen der Larven beobachten kann, so ist dies gewiß ein intensiveres Erlebnis, als Goldfischen beim Fressen zuzusehen. Wird kein Filter eingebaut, kommt es zudem meist nach kurzer Zeit zu starken Trübungen. Andere Fische, wie Bitterlinge, Stichlinge oder Moderlieschen, bieten zwar entzückende Schauspiele bei der Fortpflanzung, sind aber im Teich nur schwierig zu beobachten. Der Nachteil aller Fische ist, daß kaum Lurche in den Teich einwandern werden, um dort abzulaichen – und wenn, dann werden die Kaulquappen bald gefressen. Auch das wichtige Zooplankton verschwindet oft schon nach kurzer Zeit, vor allem, wenn Jungfische auf der Jagd sind. Trübungen des Wassers sind die unvermeidbare Folge, wenn zu viele Fische darin schwimmen.

Planung – Baubeginn – Aushub

Welchen Teich auch immer Sie anlegen wollen: wichtig ist, ihn zuerst im Detail auf dem Papier zu entwerfen. Dadurch können viele Fehler im vorhinein vermieden werden. Am besten ist es, Millimeterpapier zu verwenden, damit Flach- und Tiefzonen maßstabgetreu entstehen können.

Wenn Sie den optimalen Standort gefunden haben, wird zunächst die Form – wie beschrieben – mit einem Schlauch, Seil oder mit Kalk nach Plan festgelegt. Mit einer Waaglatte oder Schlauchwaage stellen Sie fest, ob das Gelände eben ist. Dann werden entlang der Teichlinie Pflöcke im Abstand von 1–2 m eingeschlagen. Diese sollen einerseits die Form markieren, andererseits das Niveau; sie sollen 10 cm über dieses hinausragen. Bei abfallendem Gelände muß daher aufgeschüttet werden, bis die Pflöcke nur mehr 10 cm sichtbar sind.

Nun kann der Humus abgetragen und an geeigneter Stelle deponiert werden. Die Aufschüttung bei Böschungen erfolgt mit dem tieferliegenden Aushubmaterial, das gut verdichtet werden muß, damit es nicht nach einiger Zeit nachsinkt. Beim Graben ist vor allem darauf zu achten, daß im Teich nicht zu steile Böschungen entstehen. In der Folge sind die drei Zonen bei Teichen genau beschrieben.

Die *Sumpfzone* erhebt sich einige Zentimeter über den Wasserspiegel, sie kann auch fallweise überflutet werden. Dort gedeihen viele blühende Pflanzen; der Zone sollte daher genügend Platz eingeräumt werden. Sie wird eben oder mit einer sanften Neigung ausgegraben, wobei genau auf die Tiefe geachtet werden soll: Es werden

Gartenteiche – Zierteiche

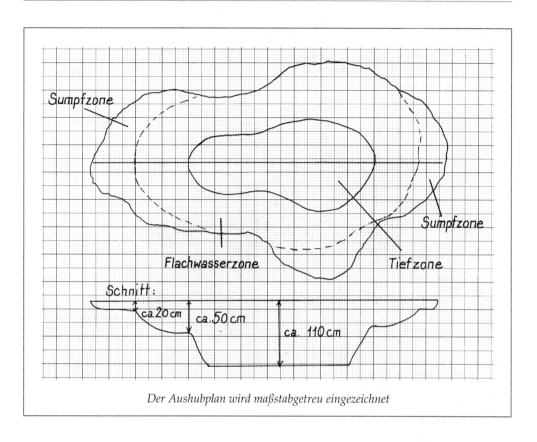

Der Aushubplan wird maßstabgetreu eingezeichnet

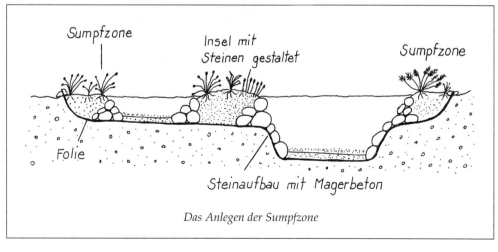

Das Anlegen der Sumpfzone

Die Teichkonturen werden mit Kalk gekennzeichnet und mit Hilfe der Wasserwaage eingerichtete Niveaupflöcke eingeschlagen

Mit dem Böschungslöffel werden die Randzonen modelliert

Mit Rundsteinen ausgelegte steile Stellen im Teich bieten Molchen und anderen Tieren Unterschlupf

10–15 cm Substrat auf die Folie aufgetragen, unter der Folie ist ein Sandbett von 3 cm. Achten Sie daher darauf, daß tief genug ausgegraben wird!

Die *Flachwasserzone* sollte zusammen mit der Sumpfzone etwa 1 m breit sein – bei größeren Teichen entsprechend breiter. Insgesamt sollten die beiden Zonen etwa 50% der künftigen Wasseroberfläche einnehmen. Die Flachwasserzone erstreckt sich mit einer sanften Neigung bis in eine Tiefe von ca. 50 cm. Bedenken Sie auch hier, daß die Grabungstiefe 15–20 cm tiefer ist als der spätere Wasserspiegel! Dann kann mittels einer 20–50 cm hohen Stufe die nächste Zone geschaffen werden.

Die *Tiefwasserzone* wird etwa 100–140 cm tief ausgegraben, je nach Teichgröße. Ein Teich mit einer Wasseroberfläche von mehr als 50 m^2 verträgt auch noch tiefere Stellen. Ein Meter Tiefe genügt aber für gewöhnlich, daß Seerosen gut gedeihen und Wassertiere gefahrlos überwintern können.

Höhergesetzte Teiche

Es kann ein Vorteil sein, den Teich über das umliegende Rasenniveau zu setzen. Einerseits ersparen Sie sich einen Teil des Aushubabtransportes, andererseits wird später vermieden, daß der Regen Dünger oder Humus in den Teich einschwemmt. Die Folie kann bei dieser Variante am Rand gut mit Steinplatten befestigt werden, die Böschung wird mit passenden Blütenstauden bepflanzt.

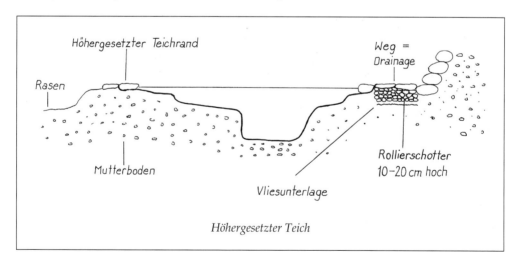

Höhergesetzter Teich

An einer geeigneten Stelle, etwa in Richtung einer Hecke oder eines Baumes, wird ein 10–20 cm tiefer Überlauf in einer Breite von etwa 30 cm gegraben. Bei vielen Teichen spielt es aber keine große Rolle, ob Sie einen Überlauf haben oder nicht, da das umliegende Gelände überschüssiges Wasser aufnimmt.

Gartenteiche – Zierteiche

Vorbereitung des Untergrundes

Es genügt meist, die frisch ausgehobene Teichmulde mit Rechen und Schaufel zu planieren und spitze Steine, Glasscherben etc. zu entfernen. Dann wird ein 3–5 cm dickes Sandbett aus Kabelsand eingebracht und geglättet. Das Niveau und die Tiefen sollten nochmals überprüft werden.

Wichtig: Bedenken Sie, daß das Sandbett ca. 5 cm, Steine und Substrat im Teich nochmals 10–20 cm Tiefe wegnehmen. Außerdem reicht der Wasserstand meist nicht bis an die Teichoberkante. Messen und berechnen Sie daher immer wieder mit Waaglatte und Maßband, wie hoch der Wasserstand in den verschiedenen Zonen wirklich sein wird!

Abdichtung

Wenn Sie Ihren Teich mit Folie abdichten und diese in einem Stück verlegen wollen, legen Sie ein Maßband oder eine Schnur durch die Teichmulde und rechnen Sie auf jeder Seite noch ca. 40 cm Überstand dazu. So ermitteln Sie Länge und Breite der Folie. Sparen Sie nicht an ein paar Zentimetern; es ist sehr unangenehm, wenn die Folie zu kurz ist. Zunächst wird das Unterlagevlies verlegt, dieses sollte ebenfalls 40 cm über den Teichrand hinausragen und ein Gewicht von ca. 200 g/m^2 haben. Nicht auf den Einbau eines Schutzgitters gegen Nager vergessen, besonders wenn eine weiche Folie verwendet wird (Kautschuk). Spezielle Gitter sind im Fachhandel erhältlich.

Verlegen der Folie

Die Folie sollte nur bei Schönwetter verlegt werden. Sie wird zuerst in Teichnähe auf einer Wiese o.ä. ausgebreitet und dann in den Teich gezogen, wobei besonders darauf geachtet werden muß, daß das Vlies nicht verschoben wird. Eine sehr große und schwere Folie gleitet auf einem Luftpolster leichter in die gewünschte Richtung, wenn sie mehrmals auf und ab geschwenkt und dann auf Kommando gezogen wird. Eine andere Methode besteht darin, das Folienpaket im Teich auseinanderzuklappen und sie dann in die gewünschte Position zu bringen.

Wichtig: Befestigen Sie die Folie, sobald sie richtig liegt, am Teichrand mit Pflöcken, damit sie nicht mehr verschoben oder von einem Windstoß bewegt werden kann, sie sollte etwa 30 cm über den Teichrand ragen.

Verschweißen der Folie

Wenn Sie PVC-Folie selber mit einem Kaltschweißmittel verkleben wollen, bewerkstelligen Sie dies auf einer völlig ebenen und sauberen Unterlage! Geeignet sind nur

Gartenteiche – Zierteiche

homogene Folien mit einer Stärke von maximal 1,2 mm. Die Folienränder werden etwa 5 cm überlappt, das Kaltschweißmittel wird mit einem breiten Pinsel auf beide Seiten aufgetragen und die Stelle daraufhin sofort mit einem Sandsack fest niedergepreßt. Klebt eine Stelle nicht, wird der Vorgang dort nach etwa 15 Minuten wiederholt. Arbeiten Sie mit zwei Sandsäcken von ca. 30 cm Länge – einer bleibt immer auf der eben verklebten Stelle liegen. Nach Beendigung der Arbeit lassen Sie die Nähte am besten eine Stunde aushärten. Die Verlegung erfolgt dann wie oben.

Eine bessere Methode besteht darin, mit einem speziellen Heißluftföhn die Folie zu verschweißen. Diese Tätigkeit sollte auf jeden Fall mit Hilfe eines Fachmannes durchgeführt werden, da es leicht zu verbrannten Stellen kommt, die später undicht werden können, wenn sich ein Laie an diese Arbeit wagt.

> **Wichtig:** *Die überstehenden Folienränder noch nicht abschneiden, da das Gewicht des Wassers und des Substrates die Folie später noch nach unten zieht.*

Soll der Teich mit glasfaserverstärktem Kunststoff abgedichtet werden, sind die genauen Instruktionen des Herstellers zu beachten. Diese Art der Abdichtung sollte nur von jemandem gemacht werden, der bereits Erfahrung mit dieser Methode hat. Ansonsten ist es besser, eine Fachfirma damit zu beauftragen – auch wenn es teurer ist, spart man doch Zeit und Nerven.

Teicheinrichtung

Bevor Sie mit der Gestaltung der Sumpf-, Flachwasser- und Tiefwasserzone beginnen, bereiten Sie das Material am Teichrand vor. Steine, Schotter bzw. Kies werden am be-

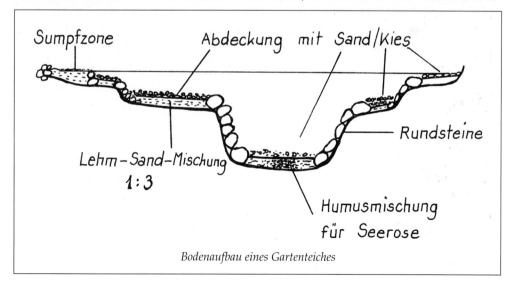

Bodenaufbau eines Gartenteiches

Im klaren Wasser dieses Teiches sind Molche und andere Wasserbewohner gut zu beobachten

Sehr schön verwachsener Gartenteich

sten auf einer Folie oder auf Vlies deponiert, damit das Umfeld geschont wird. Begonnen wird an der tiefsten Stelle des Teiches, zum Schutz der Folie kann noch Vlies darauf verlegt werden.

Das Substrat für die Pflanzen sollte aus einer Mischung von Lehm und Sand etwa im Verhältnis 1:3 bestehen. Dort, wo Seerosen gesetzt werden, kommt Humus hinzu – allerdings *nur* an dieser Stelle. Wichtig ist es, diese Mischung dann mit einer 2–3 cm starken, groben Sandschicht abzudecken, damit die Nährstoffe nicht ins freie Wasser gelangen. Das Substrat wird 10–15 cm hoch eingebracht; an die Stellen, an denen keine Pflanzen wachsen sollen, kommt Rollierschotter (rund und gewaschen), oder es werden runde Steine verlegt.

An steilen Stellen sollten keine Pflanzzonen vorbereitet werden – das Substrat würde abrutschen, sobald der Teich befüllt wird.

Wie groß soll die Pflanzfläche sein?

Etwa zwei Drittel der Teichoberfläche sollte für Pflanzen vorbereitet werden, der Rest kann mit Steinen, Steinplatten oder Rollierschotter gestaltet werden. Wichtig sind auch genügend Pflanzflächen für Tauchpflanzen in der Tiefzone, da diese eine wichtige Funktion im Teich erfüllen.

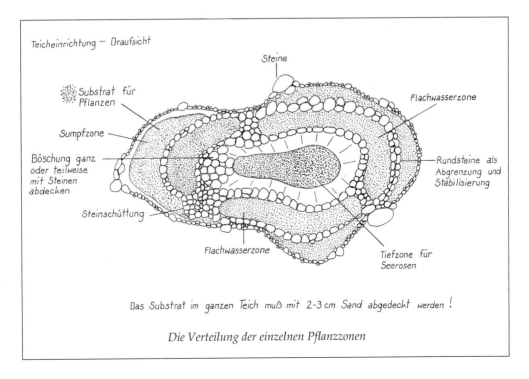

Die Verteilung der einzelnen Pflanzzonen

Steile Stellen im Teich

Senkrechte oder steile Stellen können mit runden Steinen und Magerbeton verbaut werden. Allerdings sollten zwischen den Steinen noch Schlupfwinkel für Molche und andere Wasserbewohner bleiben. Auch für ältere Teiche, bei denen die Böschungen zu steil angelegt wurden, gibt es eine Lösung: Von außen werden spezielle Kokosmatten oder grünes Spezialvlies mit Taschen für Pflanzen befestigt. Es dauert nicht lange, und die Pflanzen bewachsen die heikle Stelle, außerdem wird die Folie am Rand vor UV-Einstrahlung geschützt.

Randgestaltung

Der Rand wird erst befestigt, wenn der Teich fast mit Wasser befüllt ist. Die Folie wird so abgeschnitten, daß sie 5 cm über das umliegende Gelände ragt, so daß sie eine Kapillarsperre bildet. Beton wird 5 cm stark aufgebracht, nasse Steine werden hineingedrückt – so ist er kaum sichtbar. Zwar wird es nach dem Winter im Beton Risse geben, die Folie wird aber trotzdem sehr gut fixiert (siehe Skizze). Eine andere Methode besteht darin, nur Steine oder Steinplatten so zu verlegen, daß der Folienrand eine Sperre bildet.

> **Wichtig:** Außer in geringen Mengen bei Seerosen hat Humus nichts im Teich zu suchen. Auch manche spezielle Teicherden sind viel zu nährstoffreich. Im Zweifelsfall sollten sie mit Sand gemischt und abgedeckt werden.

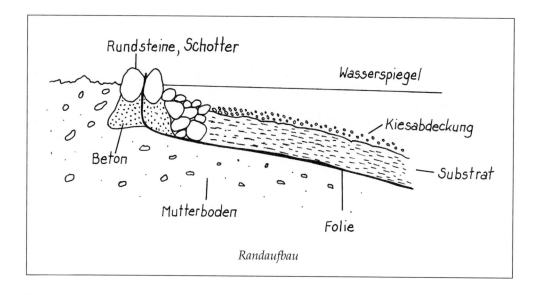

Randaufbau

Gartenteiche – Zierteiche

Formale Becken im Garten

Es gibt eine Vielfalt an schönen Formen und phantasievollen Möglichkeiten, Wasserbecken zu gestalten. Oft werden auch bestehende Swimmingpools oder Wasserbehälter im Garten zu blühenden Wassergärten bepflanzt. Hier gilt es oft, Flachwasserzonen einzubauen; dies kann mit Hilfe von Schalungssteinen, Natursteinen, Ziegeln oder sogar Holz geschehen. Schalungssteine mit einem Durchmesser von 25–30 cm werden mit Schotter be- und hinterfüllt, darauf kommt die Substratschicht. Holz verrottet unter Wasser kaum und kann daher – gut beschwert und niederbetoniert – ebenfalls verwendet werden.

Neuerrichtung von Becken

Formale Becken sind künstlich geschaffene Elemente, die sich vom übrigen Garten abheben; sie sollten gut zur Geltung kommen. Bei der Gestaltung sollte ein Fachmann zu Rate gezogen werden, der über das zu verwendende Material genaue Angaben machen kann. Meist findet Dichtbeton Anwendung; mit Hilfe von Schablonen können runde oder ovale Formen verwirklicht werden. Sehr schöne Vorbilder findet man auch in historischen Gärten, bei Schlössern und in orientalischen Innenhöfen.

Achten Sie jedoch darauf, daß der Teich in seiner Gesamtheit wirklich in Ihren Garten paßt! Hinweise für die Abdichtung von undichten Becken finden Sie im Kapitel über „Schwimmteiche".

Bepflanzung

Ist der Teich, das Becken oder das halbierte Holzfaß eingerichtet, geht es an die Bepflanzung. Seerosen, Sumpf- und Wasserpflanzen erhalten Sie in Wasserpflanzengärtnereien; manche von ihnen versenden auch Pflanzen. Eine Übersicht über die Sorten und speziellen Ansprüche finden Sie im Kapitel „Pflanzen für den Teich".

Mit dem Setzen von Seerosen und Unterwasserpflanzen wird an der tiefsten Stelle des Teiches begonnen. Seerosen erhält man für gewöhnlich in einem Container mit Erdballen; dieser wird in die vorbereitete Stelle eingegraben, allerdings nicht zu tief, das Rhizom (Wurzelsproß) sollte sichtbar sein. Haben Sie die Seerosen lose bekommen, werden die Wurzeln etwas zurückgeschnitten, um das Wachstum anzuregen. Beim Setzen wird wieder darauf geachtet, daß das Rhizom an der Oberfläche bleibt. Dann decken Sie das Substrat mit 2–3 cm Sand ab. Tauchpflanzen werden ebenfalls in Abständen von 30 cm gesetzt, etwa 7–10 Bund pro m². Nun werden sie befeuchtet und mit einer dünnen Plastikfolie abgedeckt; diese wird mit kleinen Steinen beschwert; sie verhindert, daß das Substrat bei der Befüllung aufgeschwemmt wird.

Befüllung

Jetzt kann das Wasser langsam eingelassen werden. Damit es erwärmt wird, sollte es

Gartenteiche – Zierteiche

durch einen langen, dunklen Schlauch, der in der Sonne liegt, zulaufen. Seerosen können von zu kaltem Wasser einen Wachstumsschock erleiden. Ist das Wasser im Teich zu kalt, sollte daher mit dem Einsetzen von Seerosen gewartet werden, bis das Wasser wärmer ist. Eine Befüllung mit Regenwasser ist günstig, wenn in einer Zisterne genügend zur Verfügung steht. Wird aus einem Bach oder anderem offenen Gewässer Wasser entnommen, sollte unbedingt vorher eine Wasseranalyse durchgeführt werden. Außerdem ist damit zu rechnen, daß möglicherweise Fischeier in den Teich gelangen; ein Filter ist daher empfehlenswert. Anders als Wasser aus der Leitung oder aus dem Hydranten ist Bachwasser meist belebt, was kein Nachteil ist. Wird aus dem Hydranten befüllt, ist darauf Bedacht zu nehmen, daß das Wasser anfangs meist stark von Rost verschmutzt ist. Die Befüllung ist immer wieder einzustellen, damit zwischendurch bepflanzt werden kann.

Bepflanzen der Sumpf- und Flachwasserzone

Auch diese Pflanzen erhält man für gewöhnlich in einem kleinen Container mit Ballen. Nehmen Sie von einer Sorte immer mehrere Stück, damit Sie die Pflanzen in Grup-

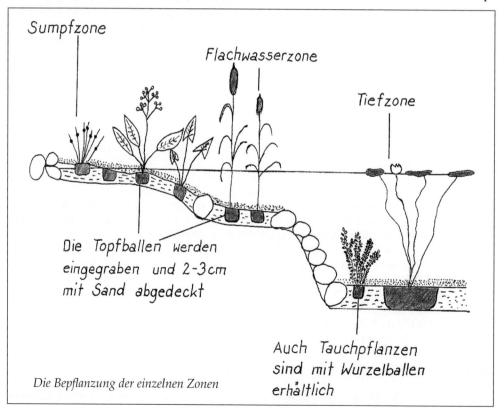

Die Bepflanzung der einzelnen Zonen

pen setzen können. Wählen Sie vor allem heimische Pflanzen aus, da sie an unser Klima angepaßt sind. Zumindest sollten die Pflanzen in einer heimischen Gärtnerei gezogen worden sein – bei ausländischer Ware ist die Enttäuschung oft groß, wenn die anfangs prächtigen Pflanzen nach einem Tag in der Sonne bereits umknicken. Bei manchen exotischen Sorten muß man damit rechnen, daß sie den Winter nicht überstehen, wenn sie nicht an einem frostfreien Platz überwintern können. Die Auswahl der Pflanzen sollte sich nicht nur nach den verschiedenen Zonen richten (Uferzone – Sumpfzone – Flachwasserzone – Tiefzone), sondern auch nach der Blütezeit und der Farbe der Blüten. Einige Primeln und Sumpfdotterblumen blühen sehr früh; bei Pflanzen, die vom Mai bis August blühen, hat man die meiste Auswahl.

Wie soll gepflanzt werden?

Sobald Seerosen und Tauchpflanzen unter Wasser stehen, werden in den höher gelegenen Zonen Pflanzlöcher vorbereitet, deren Abstand ca. 20 cm betragen sollte. Die Pflanzen werden aus dem Container genommen und mittels leichten Andrückens in das Loch gesetzt. Die Oberfläche wird mit Sand oder feinem Kies abgedeckt. Stecken Sie das Etikett zur jeweiligen Pflanze. Bei heißem Wetter muß zwischendurch mehrmals gegossen werden, da die Pflanzen sonst leiden könnten.

> *Wichtig: Zu den Pflanzen erhalten Sie Etiketten, auf denen Wassertiefe, Blütezeit und Standort beschrieben sind – bitte genau beachten! Sollen Pflanzen in einen bereits befüllten Teich gesetzt werden, ist es günstig, sie mit einem Pflanzkorb einzubringen – auch hier sollte das Substrat mit Sand oder Kies abgedeckt sein.*
> *Nähere Details finden Sie im Kapitel „Pflanzen für den Teich".*

Stege und Brücken

Wer schaut nicht gerne von einer Brücke oder einem Steg ins klare Wasser und beobachtet, was dort kreucht und fleucht? Daher sollte auch bei kleinen Teichen eine Stelle nicht fehlen, von der aus tiefere Wasserzonen eingesehen werden können. Brücken und Stege aus Holz sind außerdem in jedem Garten und besonders am Wasser hübsche Gestaltungselemente. Es gibt viele schöne vorgefertigte Brücken, allerdings ist das Material manchmal nicht auf jahrzehntelange Benützung ausgerichtet. Der Eigenbau mit Hilfe eines Tischlers stellt eine günstige Alternative zu Fertigprodukten dar.

Welches Holz soll verwendet werden?

Die Materialwahl spielt eine große Rolle, vor allem, was die Lebensdauer des Holzes betrifft. Gebirgslärche eignet sich hervorragend und ist auch meist leicht erhältlich. Aber auch Weißtanne oder Erle sind zu empfehlen. Imprägnierte Fichte oder ähnliches sollten Sie eher meiden; das Holz hält manchmal nur wenige Jahre, außerdem sind die meisten Imprägniermittel giftig. Lärche hat einen sehr hohen Harzanteil und braucht deshalb nicht behandelt zu werden; sie wird im Laufe der Jahre silbergrau. Die Furchen der Jahresringe bieten willkommenen Halt, vor allem bei Regen.

Steher im Teich montieren

Meist wird man nicht umhinkönnen, das geplante Bauwerk im Teich abzustützen. Als Steher können Rundlinge oder Kanthölzer verwendet werden, ihr Durchmesser sollte 12–18 cm betragen.

Folienreste und Vlies werden untergelegt, bevor die Hölzer auf ebenem und festem Untergrund mit der Wasserwaage eingerichtet und mit Holzleisten provisorisch fixiert werden. Die Steher werden nun etwa 25 cm hoch mit Beton eingeschüttet, da hinein werden befeuchtete Steine eingedrückt, damit der Beton nicht sichtbar ist. Die provisorische Fixierung wird erst entfernt, wenn der Beton ausgehärtet ist.

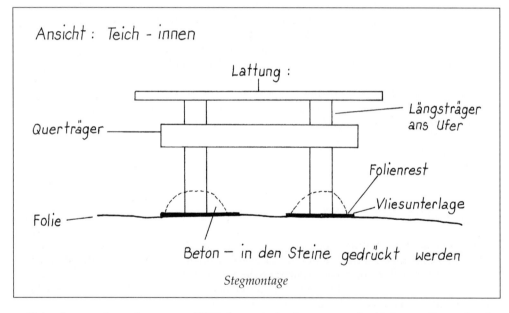

Stegmontage

Bei sehr massiven Stegen und Brücken wird schon unter der Folie ein Betonfundament gemauert, damit die Folie nicht beschädigt wird. Eine andere Möglichkeit, sie zu schützen, besteht darin, daß die Steher auf einen Holzpfosten montiert werden, der das Gewicht gleichmäßiger auf der Folie verteilt.

Montage der Querträger

Die einbetonierten Steher werden auf die geplante Länge abgeschnitten, dabei ist darauf zu achten, daß dies in der richtigen Höhe geschieht. Ein Querträger wird ange-

Gartenteiche – Zierteiche

schraubt oder mit Zimmermannsnägeln angenagelt (auch Bauklammern können verwendet werden). Darauf kommen die Längsträger, die über den Teichrand ans Ufer reichen (siehe Skizze).

Nun wird die Lattung montiert: Sie wird mittels jeweils zwei Schrauben auf jeder Seite angeschraubt. Der Abstand zwischen den Latten sollte 5–10 mm betragen.

Holzstärken: Längs- und Querträger   ca. 10 x 12 oder 12 x 14 cm
               Lattung   ca. 120 x 45 mm

Steine

Größere und kleinere Steine rund um den Teich sind dekorative Gestaltungselemente. Solche, die mehr als 200 kg wiegen, müssen mit dem Bagger oder mit einem LKW mit Greifer verlegt werden oder mit einem Kran – wenn vorhanden. Steine, die am Teichrand liegen, sollten etwas eingegraben werden, so kommen sie am besten zur Geltung. Am schönsten sind immer mehrere Steine in verschiedenen Größen an einem Platz. Steine, die *in* den Teich kommen, brauchen einen Unterbau, damit die Abdichtung nicht beschädigt wird. Am besten sind dazu kiesgefüllte Säcke geeignet – bei diesen spielt es keine Rolle, wenn die Steine spitze Kanten haben. Achten Sie darauf, daß der Untergrund eben ist, damit es nicht zum Abrutschen kommt. Trittsteine können auch auf die Abdichtung aufbetoniert werden, wenn diese durch mehrere Lagen Vlies und Folienreste geschützt ist.

Technik

Im Kapitel „Bewegtes Wasser" wird auf dieses Thema genau eingegangen werden. Zwischen Garten- und Schwimmteich bestehen diesbezüglich kaum Unterschiede. Anders wie im Schwimmteich, können im Gartenteich jedoch Pumpen und Scheinwerfer mit 220 V Verwendung finden. Diese Geräte sind leistungsstärker, günstiger und einfacher zu installieren als 12- oder 24-V-Geräte. Auf jeden Fall sollte guten Markengeräten der Vorzug gegeben werden.

Pumpen

Eine Pumpe zum Betrieb eines Bachlaufes oder Wasserfalles wird in etwa 80 cm Tiefe montiert, damit sie im Winter nicht herausgenommen werden muß. Unter Steinplatten oder einer Kiesschüttung wird sie nicht sehr auffallen. Kies wirkt außerdem als Grobfilter, so daß der angeschlossene Filter nicht ständig gereinigt werden muß. Die Pumpe sollte nicht zu stark sein, denn wenn das Wasser womöglich täglich mehrmals umgewälzt wird, kann das Zooplankton darunter leiden. Besser ist es, eine Pumpe mit geringer Leistung im Dauerbetrieb, oder mit einer Zeitschaltuhr in regelmäßigen Intervallen laufen zu lassen.

Für Stege und Brücken wird am besten Gebirgslärche verwendet

Trittsteine werden in Beton verlegt, damit sie stabil liegen

Auch ein Scheinwerfer wird am besten mit Schotter oder Steinen unter Wasser fixiert; er muß ja zum Herausnehmen sein, wenn die Glühbirne defekt ist. Wird er seichter als 60 cm eingebaut, sollte er im Winter herausgenommen werden.

Der Stromanschluß

Das Stromkabel muß besonders gut geschützt sein; es wird außerhalb des Teiches nach Vorschrift eingegraben, eine heikle Stelle entsteht dort, wo das Kabel über den Teichrand in den Teich gelangt. Dort kann es mit Magerbeton und einigen größeren Steinen gegen Beschädigungen geschützt werden. Auch bei der Montage im Teich sollte man größte Vorsicht walten lassen; das zusätzlich geschützte Kabel wird möglichst tief eingegraben. Keinesfalls darf später mit Werkzeugen im Teich hantiert werden, ohne daß der Strom ausgeschaltet ist. Den Anschluß selbst hat grundsätzlich ein Elektriker vorzunehmen.

Wasserspiele, Fontänen, Springbrunnen

Es gibt eine große Vielfalt an Möglichkeiten, Wasser dekorativ in den Teich plätschern zu lassen. Mit verschiedenen Düsen und Aufsätzen ist es kein Problem, wenn die Montage richtig vorgenommen wird. Die Pumpe mit dem Steigrohr und dem gewünschten Aufsatz wird möglichst stabil im Teich installiert, kleinere und größere Steine werden zur Fixierung gebraucht. Je nachdem, welche Pumpe verwendet wird, ist eine Beschüttung mit Kies empfehlenswert oder auch nicht. Sie sollten die Hinweise des Herstellers jedenfalls genau befolgen. Am besten haben sich Pumpen bewährt, deren Filter nur selten gereinigt werden muß – es geht ja nicht darum, Schmutz aus dem Teich zu filtern. Unter Umständen wäre ein kleiner Filter alle paar Tage zu reinigen, und das kann nicht Sinn der Sache sein. Da wäre es gleich besser, einen eigens entwickelten, stärkeren Teichfilter einzubauen. Gute Erfahrungen gibt es mit Zeolith – einem vulkanischen Mineral, das Nährstoffe speichern kann. Es wird rund um die Pumpe und dort eingebracht, wo das Wasser in den Teich zurückrinnt. Bachläufe, Sekundärteiche und bepflanzte Kiesfilter regenerieren das Teichwasser ausgezeichnet.

Wenn Sie eine kompliziertere Anlage wünschen, bei der z.B. Scheinwerfer in verschiedenen Farben mit dem Wasserspiel zusammengeschaltet sind, sollten Sie eine Fachfirma zu Rate ziehen.

> **Wichtig:** *Bedenken Sie, daß es Seerosen überhaupt nicht schätzen, wenn sie angespritzt werden oder die Wasseroberfläche zu sehr bewegt wird.*

BIOTOPE – NATURNAHE TEICHE

Biotope dienen dem Naturschutz

Ganz genau können wir die Natur im Garten ja nicht nachbilden; mit der Anlage eines Biotops – also eines Lebensraumes – ist es aber zumindest möglich, einen *naturnahen* Teich zu schaffen. Dieser dient in erster Linie selten gewordenen heimischen Pflanzen und Tieren als Lebensraum, erst in zweiter Linie dem Betrachter. Er wird trotzdem seine Freude daran haben, wenn die Natur den angelegten Teich Schritt für Schritt erobert: Pflanzen wachsen und vermehren sich, manche Sorten, die gar nicht absichtlich gesetzt wurden, tauchen auf. Libellen erobern den Luftraum, Frösche haben im seichten Wasser abgelaicht. Biotope können für bedrohte Arten wichtige Standorte sein, vorausgesetzt, daß auch die Umgebung stimmt.

Der Laubfrosch im Garten

Laubfrösche sind in den letzten Jahren sehr selten geworden. Mit viel Glück sind sie aber in den Garten zu locken, wo sie sich unter günstigen Bedingungen im Teich fortpflanzen können. Uns ist eine alte Dame in Altmünster/OÖ bekannt, die mit einfachsten Mitteln ein Biotop errichtete, in das seit mehreren Jahren regelmäßig Laubfrösche zum Ablaichen kommen. Obwohl die Wasseroberfläche nur etwa 4 m² beträgt, wimmelt es darin im Sommer im dichten Pflanzenbewuchs von hunderten Kaulquappen. Kleine Laubfrösche sitzen manchmal im Dutzend auf den Blättern von Pfeilkraut und sonnen sich, bevor sie in den dicht mit Büschen und Bäumen bewachsenen Garten auswandern. Noch nie haben wir so viele junge Laubfrösche auf einmal gesehen. Sicher ist das erhöht angelegte, gegen Schlangen geschützte Biotop ideal, aber auch die Umgebung stimmt: Büsche und Bäume, Wiesen und Wald.

Welche Aufgaben soll das Biotop erfüllen?

Wenn es auch nicht der seltene Laubfrosch sein muß, der in das Biotop einwandert, sollte doch überlegt werden, *welchen* Lebewesen es zur Heimat werden könnte. Teich- und Bergmolche lieben bis zu 30–100 cm tiefe, stark verkrautete Gewässer, in denen keine Fische vorkommen. Da sie ihre Eier gerne auf Wasserpest, Laichkraut und anderen Tauchpflanzen ablegen, dürfen diese nicht fehlen. Auch Grasfrösche und Gelbbauchunken könnten im selben Gewässer ablaichen, obwohl letztere auch unbepflanzte, flache, durchsonnte Tümpel besiedeln. Grünfrösche werden sich eher an größeren Gewässern niederlassen.

> **Wichtig:** *Sie sollten somit das Biotop im Hinblick auf die angesiedelten Pflanzen und Tiere gestalten. Dabei ist darauf zu achten, daß auch Sonneneinstrahlung und Schatten stimmen.*

Dieses Biotop wurde mit Folie abgedichtet, darauf kam Lehm als Substrat

Lebensraum für Pflanzen, Frösche, Molche und andere Wasserbewohner

Biotope – naturnahe Teiche

Gestaltung

Pfützen, kleine und größere Tümpel, Biotope haben eine wichtige Funktion in der Natur; diese sollte nachgebildet werden. Die Form spielt keine besondere Rolle, sie sollte sich harmonisch in die Umgebung einfügen. Diese besteht am besten aus einer Hecke heimischer Blütensträucher, einer Blumenwiese sowie aus Büschen und Bäumen. Der Aushub kann teilweise zu Hügeln aufgeschüttet werden, auf denen sich später Frösche gerne sonnen. Die Abdichtung besteht im Idealfall aus Ton oder wird wie beim Gartenteich eingebracht, doch kann sie völlig mit Substrat und Naturkies abgedeckt werden.

Auch eine Steinschüttung im flachen Wasser oder Uferbereich wird manchen Tieren Unterschlupf bieten. Baumstrünke und Äste können in das Biotop ragen; in unmittelbarer Umgebung werden Reisig- oder Holzhaufen aufgeschichtet.

> **Wichtig:** *Die Folie sollte auch beim Biotop eine Kapillarsperre bilden; man wird sie mit Steinen und Holz fixieren.*

Bepflanzung

Im Biotop sollten grundsätzlich nur *heimische* Pflanzen gesetzt werden. Manche werden vielleicht der näheren Umgebung entnommen, geschützte Arten beim Gärtner gekauft (siehe Kapitel „Pflanzen für den Teich"). Die Pflanzen werden sich bald stark vermehren und dichte Bestände bilden, die man ihrem Schicksal überläßt. Achten Sie nur darauf, daß sie nicht von Unkräutern überwuchert werden (Brennessel, Weißwurz, Indisches Springkraut …). In einigen unserer Biotope und Tümpel haben sich verschiedene Pflanzen in großen Mengen vermehrt, andere sind verschwunden – in der Natur ist es oft ähnlich. Eingegriffen wird nur, wenn zu viele Weiden und Erlen heranwachsen oder manche Pflanzen zu sehr überhand nehmen.

Erhaltung natürlicher Gewässer

Eine schöne Aufgabe für den Naturschützer ist es auch, sich eines natürlichen Gewässers anzunehmen, es zu pflegen und zu schützen. Der Besitzer hat meist nichts dagegen, wenn man ihm die Sinnhaftigkeit des Unterfangens erklärt. Manchmal entdeckt er selbst, welch ein wunderbarer Lebensraum sich auf seinem Grundstück befindet. Die Pflegearbeit beschränkt sich meist auf das Entfernen von Unkraut und jungen Bäumen oder auch auf das Verhindern einer drohenden Verlandung. So können wertvolle Lebensräume gerettet und erhalten werden. Auch wenn man nicht selbst der Besitzer ist, wird es einem viel Freude und Befriedigung verschaffen, wenn wieder ein kleines Stückchen Natur als Lebensraum erhalten bleibt.

ABDICHTUNGSMÖGLICHKEITEN VON TEICHEN

Lehm

Lehm ist das natürlichste und umweltfreundlichste Material, einen Teich abzudichten. Allerdings ist es weder von der finanziellen noch von der Umweltfreundlichkeit her sinnvoll, ihn über weite Strecken mit einem LKW zu transportieren. Er ist daher nur dann zu verwenden, wenn er vor Ort oder in der Nähe kostenlos zur Verfügung steht. Vor allem für naturnahe Biotope ist dieser Untergrund geeignet.

Auf jeden Fall muß Lehm nach dem Aushub verdichtet werden, damit wasserführende Schichten verschwinden. Bei größeren Teichen kann dies der Bagger bewerkstelligen, bei kleineren sollte es mittels einer Rüttelplatte gemacht werden. Böschungen sollten nicht steiler als 45° gegraben sein, damit es nicht zu Abbrüchen kommt.

Folgende Probleme können bei Lehmteichen auftreten:

- Bisamratten graben ihre Höhleneingänge unter dem Wasserspiegel und senken diesen ab;
- Wasser wird in die trockenere Umgebung abgesaugt;
- Pflanzen überwuchern die Uferzone;
- Oberflächenwasser und Nährstoffe gelangen in den Teich;
- das Wasser kann ständig trüb sein.

Lehm bei Schwimmteichen

Der Lehm sollte zumindest im Einstiegs- und Schwimmbereich mit Vlies abgedeckt werden, auf das eine Schotter- oder Kiesschichtung von ca. 15 cm kommt. Ansonsten können Abgrenzungen und Stufen wie bei üblichen Schwimmteichen eingebaut werden. Es ist jedoch ratsam, auch im Pflanzbereich teilweise Schotter einzubringen, damit die Pflanzen nicht überhandnehmen. Im Uferbereich sollte ein beschichtetes Gitter eingebaut werden, um Bisamratten abzuhalten. Da die obengenannten Probleme gerade bei einem Schwimmteich sehr unangenehm sein können, ist diese Art der Abdichtung gut zu überlegen.

Bepflanzung

Für viele Pflanzen ist Lehm ein idealer Untergrund, und sie gedeihen sehr gut; lediglich Moorpflanzen sollte man nicht setzen. Die Pflanzen vermehren sich meist sehr stark, so daß womöglich bald ausgelichtet werden muß. Manche Seggen sollten nicht gesetzt werden, da sie bald andere Pflanzen überwuchern würden. Wasserpest, Hornkraut, flutender Hahnenfuß, Kaltwasserfeder und Laichkräuter sind geeignete Unterwasserpflanzen.

Abdichtungsmöglichkeiten von Teichen

Tonziegel

Seit einigen Jahren sind spezielle Tonziegel im Handel erhältlich, die in drei Schichten übereinander verarbeitet werden. Dies muß äußerst genau geschehen, da sonst undichte Stellen entstehen. Diese Methode ist wesentlich aufwendiger und teurer als eine Folienabdichtung. Die beim Lehm genannten Gefahren gelten auch für diese Art der Abdichtung. Ton ist jedoch qualitativ besser als dieser.

Teichfolien

Es gibt eine große Auswahl an Teichfolien aus verschiedenen Materialien, so daß eine Abdichtung preiswert und in guter Qualität durchgeführt werden kann. Von allzu billigen Folien sollte man die Finger lassen; oft sind sie bereits nach einigen Jahren undicht, da minderwertiger Rohstoff verwendet wurde. Am besten läßt man sich von einem Fachmann beraten, der einem auch die Vor- und Nachteile der verschiedenen Produkte erklären kann.

Auf jeden Fall sollten auch für kleine Teiche Folien mit einer Stärke von mindestens 1,0 mm verwendet werden, damit es keine bösen Überraschungen durch Wurzeln gibt, die in die Folie einwachsen. Im Handel wird meist Rollenware in 2, 4, 6 und 8 m Breite angeboten; spezialisierte Firmen fertigen aber jedes Maß nach Skizze an.

Stärkere Folien oder solche mit Gewebeeinlagen werden vor Ort verlegt und verschweißt; so entstehen weniger Falten, und Material wird eingespart. Die Farbe der Folie spielt keine sehr große Rolle, da sie ohnehin gänzlich bedeckt werden sollte – vor allem im Randbereich. Ausnahme ist der Schwimmbereich von Schwimmteichen, dort kann die Folie in der Tiefe frei liegen, damit Ablagerungen abgesaugt werden können. Hier spielt auch die Farbe eine Rolle: Die Farbe des Wassers kommt bei hellgrünen Folien besser zur Geltung, Teiche mit dunklen Folien erwärmen sich stärker. Die „Umweltfreundlichkeit" von Folien kann in Frage gestellt werden, da größtenteils Rohstoffe, Substanzen und Herstellungsverfahren verwendet werden, die problematisch sind. Die Verwendung von Teichfolie ist aber gewiß dadurch gerechtfertigt, daß damit naturnahe Gewässer geschaffen werden können und seltene Pflanzen und Tiere eine neue Heimat finden.

PVC-Folien

Diese Folien werden am häufigsten verwendet, da sie relativ günstig, gut haltbar und gut zu verarbeiten sind. Die Herstellerindustrie (Chlorchemie) wird mit Recht kritisiert, da bei der Verbrennung von PVC hochgiftige Substanzen entstehen können (Furane, Dioxin etc.). Bei der Entsorgung von Resten muß daher bewußt sein, daß es sich eigentlich um Sondermüll handelt. Auf jeden Fall sollte darauf geachtet werden, daß die Abdichtungsbahn selbst frei von Giftstoffen ist (Cadmium etc.). Keinesfalls sollte eine Regeneratfolie verwendet werden. Die meisten Herstellerfirmen garantieren aber beste Qualität.

Abdichtungsmöglichkeiten von Teichen

Bei größeren Teichen wird die Folie vor Ort zusammengeschweißt

Welche Folienstärke ist optimal?
Bis zu einer Foliengröße von 50 m² kann eine Stärke von 1 mm empfohlen werden. Von 50–100 m² sollte auf jeden Fall eine stärkere Folie Verwendung finden: entweder 1,2 oder 1,3 mm homogen oder – noch besser – mit Gewebeeinlage. Folien ohne Gewebe schrumpfen im Laufe der Jahre, außerdem verleiht das Gewebe eine sehr hohe Festigkeit.

Bei Schwimmteichen oder größeren Anlagen sollte eine Folie mit einer Stärke von 1,5 mm mit Gewebe verlegt werden. Diese wird meist in Rollen von 2 m Breite und 20 m Länge angeliefert und von Fachleuten in der Teichmulde mit einem Spezialgerät thermisch verschweißt. Der Vorteil einer Verlegung vor Ort liegt darin, daß relativ wenig Falten entstehen. Sind eine Mamuer oder ein Betonbecken integriert, werden an den Oberkanten PVC-beschichtete Bleche montiert, an denen die Folie angeschweißt wird. Eine Verlegung dieser Art kann nur von spezialisierten Firmen ausgeführt werden. Auf jeden Fall muß der Untergrund völlig trocken und eben sein. Die meisten Firmen empfehlen eine 3–5 cm dicke Sandschicht, bevor das Unterlagevlies und dann die Folie verlegt werden. Garantie für die Dichtheit der Schweißnähte und die Qualität der Folie erhält man in der Regel für zehn Jahre.

Für einen Schwimmteich von 100 m², der mit Teichsäcken gestaltet wird und ca. 2,5 m tief ist, können etwa 180 m² Folie gerechnet werden. Wird ein Betonbecken mit

Abdichtungsmöglichkeiten von Teichen

Folie überzogen, liegt der Bedarf wesentlich höher, etwa bis zu 250 m². Die Verlegung dauert 1–2 Tage, eine Temperatur ab 15° C ist ideal, auch wenn noch bei 5° C geschweißt werden kann. Gegen Wühlmaus- und Bisamrattenverbiß hilft ein beschichtetes Gitter (Fachhandel) zwischen Sand und Vlies.

Welche Schäden können auftreten?

Die Folie kann durch spitze Gegenstände (Krampen, spitze Schaufeln) beschädigt werden. Nach unserer Statistik tritt bei 100 Teichen ein einziger Schaden durch Bisamratten (Wühlmäuse) auf. Schäden durch durchgewachsene Wurzeln gibt es vor allem von Essigbaum, Bambus oder Schilf – allerdings nur bei homogenen 1-mm-Folien.

Solche Schäden zu beheben, ist kein größeres Problem: Es wird einfach ein Stück Folie über die undichte Stelle geschweißt. Schwieriger ist es, die schadhafte Stelle überhaupt zu orten.

> **Wichtig:** *Die Folie am Rand 30–50 cm überstehen lassen und erst abschneiden, wenn der Teich völlig fertig und mit Wasser befüllt ist. (Die abgeschnittenen Reste können fallweise noch im Randbereich eingebaut werden, was einen höheren Schutz vor Wühlmausverbiß bietet.)*

PEHD-Folien

Diese sehr steifen und robusten Deponie-Folien aus Polyethylen eignen sich nur für große Teiche, die keine ausgeprägten Kanten und Formen haben. Sie werden in sehr breiten Rollen – von 3 bis 5 m – produziert und geliefert; das Handling und die Verschweißung sind sehr schwierig. Die Verlegung ist nur bei einer Außentemperatur von ca. 20° C ratsam, da sich die Folie dann dem Gelände besser anpaßt. Mit speziellen Schweißgeräten wird eine doppelte Schweißnaht mit einem Prüfkanal hergestellt. Durch die sehr hohe Festigkeit der Folie treten kaum Schäden auf, wenn sie einmal richtig verarbeitet wurde. Sie hält sehr hohen Belastungen stand und ist absolut „nagetierfest". Unter Umständen kann diese Folie sogar mit einem Bagger befahren werden. Für kleinere Teiche genügt eine Folienstärke von 1 mm, bei größeren 1,5 mm oder sogar 2 mm.

In letzter Zeit wurden weichere Varianten entwickelt, die VLDP-Folien, die besser zu verlegen sind, aber weniger Festigkeit aufweisen. Im Preis sind die genannten Folien mit armierten PVC-Folien vergleichbar (komplett vor Ort verlegt).

> **Wichtig:** *Diese Folien sind sehr glatt; bei der Beschickung mit Kies und Substrat muß dies berücksichtigt werden. Die Kanten sind sehr scharf und können zu Verletzungen führen. Eine genaue Randverarbeitung ist daher ratsam.*

EPDM-Folien

Besser unter dem Namen „Kautschukfolien" bekannt, werden sie seit langem im Teichbau verwendet. Sie sind extrem elastisch; bis zu 600% Dehnfähigkeit sind möglich, allerdings ist bei der Beschickung mit Steinen und Schotter Vorsicht geboten, da die Folie sehr weich ist. Sie kann nach Maß bis zu einer Größe von 1.000 m² bestellt werden; die Verlegung bei einer so großen Fläche ist jedoch nicht einfach. Fachleute können jedoch auch vor Ort Teilstücke der Folie durch Vulkanisieren verbinden. Bald dürfte es aber ein Verfahren geben, mittels dessen auch der Laie Teile zusammenfügen kann. EPDM-Folien sind in mehreren Stärken lieferbar, wobei 1–1,5 mm zu bevorzugen sind. Es gibt auch vorgefertigte Rollenware in verschiedenen Breiten.

Verlegung: Der Untergrund muß bei Verwendung dieser Folie besonders sorgfältig vorbereitet werden. Ein Sandbett und eine Vliesunterlage sind nötig. Auch auf der Folie sollte Vlies verlegt werden, damit ein optimaler Schutz gegeben ist. Falten spielen keine Rolle, bei Betonbecken oder schwierigen Formen wird man jedoch Kautschukfolien nicht einsetzen. Ein Schutzgitter gegen Nagetiere ist angebracht, da die Folie sehr weich ist.

FPO-Abdichtungssystem

Bei dieser neuartigen Teichfolie von SARNAFIL bildet der Werkstoff Polyethylen die Basis (flexible Polyolefine). Sie ist UV-beständig, ungiftig und besitzt eine hohe Festigkeit und Reißdehnung.

Verlegung: Die hellgrüne Folie wird in 2 m breiten Rollen geliefert und vor Ort thermisch verschweißt. Diese Arbeit sollte nur vom Fachmann durchgeführt werden.

Beton

Die Verwendung von Beton setzt erhebliche handwerkliche Fähigkeiten voraus und sollte mit einem Fachmann durchgeführt werden. Es muß eine sehr gute Betonqualität zum Einsatz kommen; am besten bestellt man Lieferbeton mit einem Dichtungsmittel. Dieses bewirkt absolute Wasserdichtheit und Frostbeständigkeit. Der Baustoff neigt zu feinen Rissen, daher muß eine Armierung eingebaut werden. Es kann jede Form gestaltet werden, und sicherlich wird keine Baumwurzel durch die 10 cm dicke Abdichtung wachsen. Es wurden jedoch schon oft Betonteiche oder -becken im nachhinein mit Folie ausgekleidet, da es trotz Armierung zu Rissen kam. Von den Kosten her ist Beton auch wesentlich teurer als eine Abdichtung mit sehr guter Teichfolie.

Fertigbecken

Die Auswahl an Kunststoff-Fertigbecken ist – was Form und Größe betrifft – sehr groß. Der Vorteil liegt vor allem darin, daß die Becken leicht zu setzen sind und bei einer

Abdichtungsmöglichkeiten von Teichen

Übersiedlung mitgenommen werden können. Sie sind sehr stabil und halten sowohl der UV-Bestrahlung als auch Wurzeln stand. Meist sind sie in den Farben Schwarz oder Dunkelbraun lieferbar und fassen bis zu tausend Liter. Nur mit viel Geschick läßt sich das Becken naturnah gestalten, so daß keine Kunststoffränder mehr zu sehen sind. Selbstverständlich können auch alte Badewannen, Wasserbehälter und sogar Holzfässer zu kleinen Biotopen umgestaltet werden. Der Preis für Fertigbecken ist verhältnismäßig hoch, die eigene Gestaltungsmöglichkeit sehr eingeschränkt.

Glasfaserverstärkte Kunststoffe (GFK)

Der Vorteil dieser Abdichtung – meist auf Polyesterbasis – liegt darin, daß sie äußerst stabil und kaum zu zerstören ist. Sie sollte von einer Fachfirma durchgeführt werden, da es ein sehr aufwendiger und schwieriger Vorgang ist, die ca. 5 mm starke, sehr harte Laminatschicht auf die Glasfasermatten aufzubringen. Diese Art der Abdichtung ist die aufwendigste und teuerste; die Kosten liegen etwa bei öS 800,– (DM 115,–) pro m².

SCHWIMMTEICHE

Planung

Besonders bei einem Schwimmteich ist es sehr wichtig, daß vor Baubeginn eine genaueste Planung besteht, Gartenarchitekten und Fachfirmen führen eine Planung aus. Auf jeden Fall sollte mit einem Fachmann zusammengearbeitet werden, da einmal begangene Fehler oft nicht mehr zu korrigieren sind – z.B. bei der Baggerung, Folie, Materialanlieferung. Es macht sich sicher bezahlt, eine gewisse Summe für die Planung bereitzustellen, unter Umständen erspart man sich ein Mehrfaches davon.

Der Standort

Hier gelten grundsätzlich die Richtlinien wie bei einem Gartenteich; von Bäumen sollten Sie jedoch etwas mehr Abstand halten. Eine teilweise Beschattung ist von Vorteil, Laub bildet jedoch Algen – den Schwimmteich daher auf keinen Fall *unter* eine Baumkrone ragen lassen, auch zum Schutz des Baumes. Birke, Pappel, Weide, Schwarzerle, Nußbaum und Kastanie sollten gemieden werden, da sie besonders viel Biomasse in den Teich befördern und das Wasser braun einfärben.

Wie nahe zum Haus?

Teiche, die bis zur Terrasse oder in die Nähe des Hauses geplant werden, haben den Vorteil, daß sie gut beobachtbar sind. Solche Anlagen ergeben oft ein schönes Gesamtbild, allerdings besteht auch eine gewisse Gefahr – besonders für Kinder. Auf keinen Fall sollte man bei einem falschen Schritt gleich in der Tiefzone landen.

Größere Entfernung vom Haus?

Es hat auch seinen Vorteil, in der Sonne am Steg liegen zu können und gar nicht erst zu hören, wenn das Telefon läutet oder der Nachbar anklopft. Auf jeden Fall sollte der Teich so geplant werden, daß er gut erreichbar ist und zu Haus und Grundstück paßt.

Schwimmteich in Hanglage?

Es ist nichts dagegen einzuwenden, einen Schwimmteich in einen Hang zu bauen, wenn bestimmte Maßnahmen getroffen werden (siehe Abschnitt „Vorbereitung" S. 47).

Schwimmteiche in anderen klimatischen Zonen?

Aus Südfrankreich, Italien und Portugal haben wir sehr ermutigende Berichte über gut funktionierende Schwimmteiche. Die Wasserverdunstung spielt, wie auch die Erwärmung, eine größere Rolle. Daher sollten Teiche in südlichen Gefilden intensiv mit Seerosen, Wasserhyazinthen und „Wassersalat" bepflanzt werden bzw. durch Bäume oder Bauwerke beschattet sein. Auf jeden Fall ist eine Sauerstoffzufuhr nötig, da warmes

43

Schwimmteiche

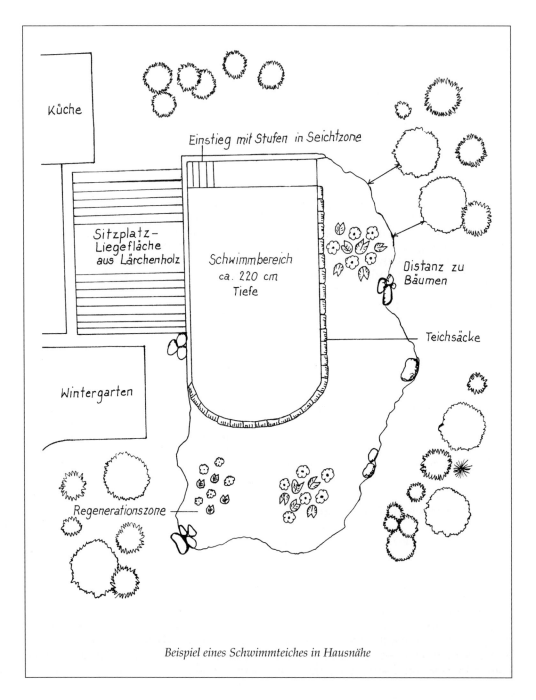

Beispiel eines Schwimmteiches in Hausnähe

Wasser weniger Sauerstoff speichert. Es gedeihen übrigens dieselben Pflanzenarten wie in den gemäßigten Zonen, tropische und subtropische Arten natürlich wesentlich besser.

Der nördlichste Schwimmteich wurde in der Nähe von Moskau errichtet, die Pflanzen vertragen offenbar das russische Klima gut, allerdings wurden robuste Sorten aus höheren Lagen von uns ausgewählt. Das 7.500 m² große ökologische Schwimmbad inmitten einer Freizeitanlage funktioniert bestens und erfreut sich großer Beliebtheit.

Wie groß soll der Teich werden?

Für einen Schwimmteich sind mindestens 100 m² Wasseroberfläche empfehlenswert, eine Schwimmzone von ca. 40 m² ist hier möglich. Es gibt wesentlich kleinere Teiche, der kleinste von uns wurde in einer Größe von 30 m² Gesamtoberfläche angelegt, mit einem Schwimmbecken aus Beton in der Größe von ca. 3 x 4 m.

Wenn Sie genug Platz haben, sollten Sie Ihren Schwimmteich größer konzipieren – die Kosten werden pro m² Wasseroberfläche geringer, je größer die Anlage wird – die biologische Stabilität steigt. Viele Schwimmteichbesitzer bereuen im nachhinein eine zu kleine Ausführung, zumal eine Vergrößerung meist mit sehr hohen Kosten verbunden ist. Das Verhältnis Regenerationszone : Badebereich sollte 2:1 sein – mindestens jedoch (bei großen Anlagen) 1:1.

Eigene Bereiche für Kinder?

Wenn Sie Kinder haben oder öfter welche auf Besuch kommen, planen Sie unbedingt einen Planschbereich, Seichtbereich und auch tiefere Zonen – von etwa 80 cm – ein. Mit Teichsäcken oder mit Holzrundlingen, aber auch mit Steinen können breite Stufen gestaltet werden, damit der feine Rundkies nicht abrutscht. Der Kiesstrand soll auch außerhalb des Teiches eine größere Fläche einnehmen. Er ist angenehm zum Liegen, Kinder spielen gerne mit dem Kies, der sehr feinkörnig und angenehm zum Gehen ist. Wird daneben ein Steg errichtet, können die Kinder von dort gefahrlos ins mehr oder weniger seichte Wasser springen.

Auch Sprungsteine oder Steine zum Balancieren sind sehr beliebt, ebenso Wasserrutschen, Trampoline und, bei größeren Teichen, eine schwimmende Insel.

Schwimmende Fichtenholzstangen, die mit Ketten am Grund fixiert werden, können Tiefbereiche von Seichtbereichen abgrenzen bzw. den Pflanzbereich schützen. Die Abgrenzung von Kleinkinderbereichen kann im Prinzip wie ein Gartenzaun aus Holz oder aus beschichtetem Maschendraht gebaut werden.

Wie tief soll der Schwimmbereich sein?

Der Schwimmbereich kann für Menschen, die gerne Grund unter den Füßen haben, 130 cm tief sein. Nachteil ist, daß beim Baden ständig Ablagerungen aufgewirbelt werden – allerdings sind sie auch mit dem Biotopabsauger einfacher zu entfernen. Als sehr günstig hat sich eine Tiefe von 2,5 m erwiesen: Ablagerungen bleiben auf dem Grund, außerdem halten die kühleren Tiefzonen den Teich biologisch stabil. Bis zu dieser Tiefe kann die Schwimmzone auch noch gut gereinigt werden.

Die teilweise Beschattung dieses 1986 in Wels errichteten Teiches trägt sicher dazu bei, daß er ohne Zufluß und Technik bestens funktioniert

Kinder kann man gut im Auge behalten, wenn der Teich nahe beim Haus liegt

Der große Bereich für Nichtschwimmer ist unter Wasser durch eine Barriere begrenzt

Schwimmteiche

Wird der Schwimmbereich noch tiefer gebaggert, ist zwar eine Absaugung kaum mehr möglich, aber auch kaum mehr notwendig.

Spielt der Abtransport des Aushubes keine Rolle, oder wird letzterer für die Böschung (Hanglage) benötigt, kann der Teich ohne weiteres tiefer ausgebaggert werden. Wir haben viele Teiche errichtet, die einen Schwimmbereich von 3,5–5 m Tiefe haben. Die kühleren Wasserschichten, die dort entstehen, haben eine stabilisierende Funktion.

> *Wichtig:* *Wenn der Grundwasserspiegel sehr hoch ist, sollte eine Probebaggerung gemacht werden. In diesem Fall wird der Teich etwas höher gesetzt, so dies möglich ist (siehe Skizze). Im Schwimmbereich kann ein Estrich eingebaut werden, damit bei einem Ansteigen des Grundwassers die Folie nicht aufschwimmt.*

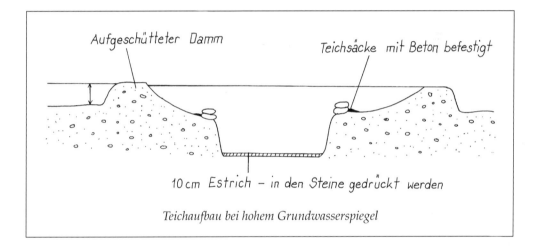

Teichaufbau bei hohem Grundwasserspiegel

Vorbereitung

Prinzipiell verweisen wir hierzu auf den Abschnitt „Planung – Baubeginn" im Kapitel „Gartenteiche – Zierteiche", S. 18.

Wird der Schwimmteich auf einem Hang angelegt, sollten lange Pflöcke vorbereitet werden, die das Niveau kennzeichnen. Grundsätzlich soll vor Baubeginn mit einem Baumeister oder Statiker abgeklärt werden, ob zur Stabilisierung von Böschungen Maßnahmen notwendig sind (Piloten, Steine, Betonmauer). Meist genügt es, wenn beim Aufbau der Böschung das Aushubmaterial mit dem Bagger schichtweise alle 50 cm verdichtet wird. Damit nicht plötzlich zu wenig Aushubmaterial für den Damm vorhanden ist, muß der Teich richtig in den Hang eingebaut werden.

Sumpf- und Flachwasserzone haben bei Schwimmteichen nur eine sanfte Neigung und sollten mindestens 1 m breit sein. Dann kann mittels Stufe eine Tiefwasserzone ge-

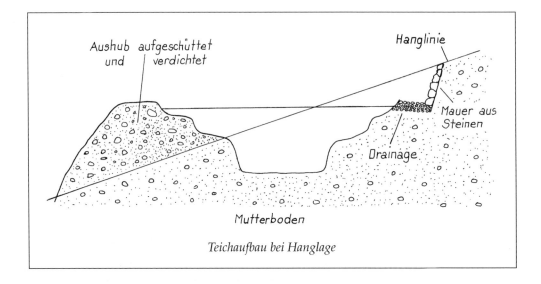
Teichaufbau bei Hanglage

schaffen werden, je nach Teichgröße ist diese Zone 90–150 cm tief, hier werden ja später Seerosen und Tauchpflanzen gesetzt. Bei der Bauweise mit Teichsäcken, Holz oder Steinen ist darauf zu achten, daß vor dem Schwimmbereich eine Ebene von etwa 50 cm Breite entsteht, auf der die Abgrenzung montiert wird. Die mehr oder weniger steile Böschung in den tiefsten Bereich muß besonders glatt sein, da dort kein Sand hält.

Organisation

Wenn Sie die Planung abgeschlossen haben, sollten die verschiedenen Abläufe organisiert werden:
- Baggertermin und Abtransport des Aushubs
- Helfer für Planierung und Sandbett
- Eventuell große Steine
- Heranbringen von einer Fuhre Sand
- Eventuell Errichtung von Mauern, Fundamenten
- Elektrische Anschlüsse
- Zuleitungen und Überlauf
- Abdichtung
- Material für die Teicheinrichtung
- Helfer für die Innengestaltung
- Holz für den Steg
- Bepflanzung und Planktonbesatz
- Befüllung mit Wasser

Schwimmteiche

Baggerung

Wenn möglich, sollten mit dem Baggerfahrer die Zufahrt und das Gelände besichtigt werden, da er aus der Praxis Probleme frühzeitig erkennt. Der Plan des Teiches soll vor dem Baggern mit dem Baggerfahrer genauestens besprochen werden, es ist auch motivierend, wenn er auf Fotos sieht, an welcher Anlage er mitwirkt. Wenn möglich, sollte ein erfahrener Fachmann zur Bauaufsicht dabei sein, damit richtig gebaggert wird.

Empfehlenswert ist ein Drehkranzbagger mit Böschungslöffel, da es exakte Rundungen und Böschungen auszuformen gilt.

Für einen Schwimmteich von 150 m² ist ein Gerät von 8–15 t ideal; ist der Teich kleiner oder die Zufahrt schwierig, kann auf einen Bagger mit ca. 5 t zurückgegriffen werden. Für größere Teiche sollte ein größerer Bagger eingesetzt werden.

Vor allem ist aber die Geschicklichkeit des Baggerfahrers ausschlaggebend: So konnten wir die Erfahrung machen, daß mit einem Bagger von 6 t ein Teich von 400 m² innerhalb von zwei Tagen fertig war – allerdings ohne Aushubabtransport. Für gewöhnlich dauert die Baggerung eines Schwimmteiches von 150 m² einen Tag, wenn der Aushub abtransportiert wird. Ein Teich mit 300 m² ist mit einem Bagger von 20 t ebenfalls an einem Tag zu bewältigen.

Stufen, Böschungen und Tiefzonen sollten ständig mit Kalk neu markiert werden, damit die Baggerung flott vorangeht. Nicht zu vergessen ist die Nachkontrolle der Niveaupflöcke und der Teichabmessungen.

Wichtig: Während der gesamten Baggerung muß eine kompetente Aufsichtsperson ständig die Tiefen, Abstände und Böschungen nachmessen – Material, das zuviel abgebaggert wurde, läßt sich kaum mehr zurückverfrachten!

Aushubmaterial – Untergrund

Je nach ausgebaggertem Material, lockert dieses auf: Schotter (Kies) 10–20%, Lehm bis zu 70% – dies sollte für den Abtransport einkalkuliert werden!

Lehm, Tegel, sandiger Untergrund und Schotter können später im Teich Verwendung finden, allerdings darf kein Humus dabei sein. Für einen Schwimmteich von 150 m² lassen Sie ca. zwei LKW-Fuhren beiseite legen.

Für den Abtransport selbst werden je nach Aushubmenge und Entfernung zur Deponie etwa 1–3 LKW benötigt. Meist genügt es, wenn der erste LKW eine Stunde nach Baggerbeginn eintrifft – die anderen entsprechend später, damit sie sich nicht im Wege stehen.

Wird das Aushubmaterial für eine Böschung verwendet, achten Sie darauf, daß das Material alle 30–50 cm gut verdichtet wird! Auch wenn dies geschieht, sinken Böschungen durch Regen und Frost manchmal noch 10% nach.

Besonders bei größeren Schwimmteichen muß der Untergrund fest und eben pla-

Nach dem Aushub wird die Teichmulde mit Sand ausgelegt, bevor Vlies und Folie verlegt werden

Die erste Reihe der Teichsäcke muß besonders stabil verlegt werden

Die Teicheinrichtung ist abgeschlossen, nun folgt die Befüllung

Der Rand wird erst ganz am Schluß mit Beton verstärkt und abgedeckt

Mit steigendem Wasserspiegel wird der Regenerationsbereich bepflanzt

Der fertiggestellte Teich wirkt noch etwas kahl

Schwimmteiche

niert sein. Spitze Steine u.ä. werden entfernt, bevor 3–5 cm Sand eingebracht werden, an steilen Stellen, wo dieser nicht hält, wird Vlies in 2–3 Lagen verlegt.

> **Wichtig:** *Wird der Aushub mit LKWs weggebracht, so sollte – wenn der Bagger um 7.00 Uhr beginnt – der erste LKW um ca. 8.00 Uhr kommen, ev. ein zweiter um 8.30 Uhr. So kommt es nur zu minimalen Stehzeiten bei Bagger und LKW.*

Betonbecken im Teich

Anfang der achtziger Jahre hat Herr Schwedtke in Ruhwinkel/BRD die Mauern seines Swimmingpools teilweise abgetragen, rundherum eine Pflanzzone ausgebaggert – und der Schwimmteich war im Prinzip fertig. Diese Art der Bauweise diente vielen naturbegeisterten Menschen als Vorbild.

Zunächst wurden in Österreich Schwimmteiche gestaltet, bei denen auf die Folie einfach ein Betonbecken gesetzt und der Bereich rundherum bepflanzt wurde. Die Nachteile dieser Bauweise kamen bald zutage: Strenge geometrische Form, Beton als nicht gerade schöner Baustoff, rauhe und harte Oberfläche. Zudem wurden Teiche undicht, wenn die Folie unter der Mauer beschädigt wurde.

In der Weiterentwicklung wurden auch Betonbecken mit Rundungen errichtet, die Oberkante wurde etwas tiefer gesetzt und das Becken mit Folie überzogen. Diese Bauweise wird auch heute noch vielfach angewendet.

Vorteil

Ein Betonbecken ist übersichtlich und trennt den Schwimmteich klar vom Regenerationsbereich.

Die Reinigung ist einfach durchzuführen. Dabei kann auf der Mauer gegangen werden, wenn diese breit genug und mit Steinplatten belegt ist.

Nachteil

Diese Bauweise ist verhältnismäßig teuer und aufwendig, oft ist eine Baubewilligung nötig.

Aushub

Bei der Baggerung ist größte Aufmerksamkeit notwendig. Damit genügend Platz für die Errichtung der Mauern bleibt, muß groß genug ausgebaggert werden (siehe Skizze).

Da die Mauern wieder hinterfüllt werden, muß genügend Material deponiert werden; es ist zweckmäßig, dafür einen kleinen Bagger einzusetzen.

52

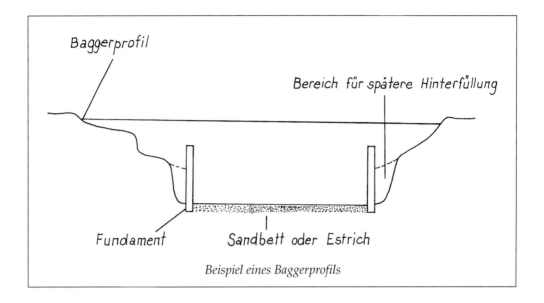
Beispiel eines Baggerprofils

Betonbecken – Mauern

Es muß mit einem Fachmann zusammengearbeitet werden, der die Stärke der Mauer, die statische Belastung und die Ausführung überprüft. Ein Fundament von 50 cm Tiefe und Breite ist auf jeden Fall erforderlich, meist wird am Grund ein Estrich eingebaut.

Für gewöhnlich werden Schalsteine von 25–30 cm Durchmesser verwendet; eine Armierung mit 10–14 mm Baustahl erfolgt nach Vorschrift. Beim Einfüllen des Lieferbetons ist größte Vorsicht geboten; normalerweise werden immer nur drei Reihen aufgefüllt.

Manche Firmen bieten aber auch Verschalungen günstig an und führen die Arbeit professionell und rasch aus. Die Hinterfüllung kann nach drei Tagen erfolgen; das Material muß mittels Rüttelplatte oder Stampfer verdichtet werden. Bei dieser Bauweise muß besonderes Augenmerk darauf gerichtet werden, daß keine scharfen Kanten oder Vertiefungen bleiben. Solche müssen verputzt oder verspachtelt werden.

Mauern, die den Schwimmbereich von der Regenerationszone trennen, sollten ca. 50 cm unter dem Wasserspiegel enden (siehe Skizzen).

Freistehende Mauern

Wenn Mauern bei einer Hanglage frei stehen, ist die Planung durch einen Statiker unbedingt erforderlich, außerdem wird mit Styrodur isoliert. Dies sollte auch geschehen, wenn eine Haus- oder Kellermauer abgedichtet wird. Auch am Teichgrund kann eine Isolierung erfolgen; insbesondere, wenn Seichtzonen betoniert werden, kann es sonst Verletzungen bei einem unbedachten Kopfsprung geben.

Schwimmteiche

Abdichtung von Betonbecken

PEHD- und Kautschukfolien scheiden von vornherein aus. PVC-Folie ist gut geeignet, wenn sie 1,5 mm stark und mit Gewebe armiert ist. Die Abdichtung kann nur von Professionisten durchgeführt werden. An den Oberkanten der Mauern werden PVC-beschichtete Bleche angedübelt, darauf wird die Folie geschweißt. Vor allem Ecken und Kanten erfordern beim Verlegen ein hohes Können. Je nach Standort und Geschmack, kann eine hellere oder dunklere Folie verwendet werden; auf jeden Fall sollte es eine erstklassige Teichfolie und nicht Dachfolie sein.

Steinplatten auf der Mauer verlegen

Zuerst wird ein Gitter montiert, darauf kommen 2–3 cm Spezialmörtel, in welchen Steinplatten, die eine rauhe Oberfläche haben sollten, verlegt werden. Auch Einstieg und Seichtzonen können damit gestaltet werden, aber auch hier ist es ratsam, mit einem Fachmann zusammenzuarbeiten. Stufen werden besser mit massiven Granitsteinen gestaltet. Überall, wo auf die Folie direkt betoniert wird, sollte diese doppelt verlegt sein. Auf Mauern, die mit der Umgebung eben abschließen, werden meist Stege oder Steinplatten montiert; diese sollten einige Zentimeter überstehen (Richtung Teichinneres). Damit die Folie am oberen Rand nicht der Sonne ausgesetzt ist, sollte man Blenden montieren, denn selbst die besten UV-stabilen Folien bekommen im Lauf der Jahre feine Risse.

Gestaltung des Regenerationsbereiches

An den tiefsten Stellen wird begonnen, das Substrat, das aus einer Lehm-Sand-Mischung bestehen sollte, 15–20 cm hoch für die Pflanzen einzubringen. Steile Stellen werden mit runden Steinen aufgebaut, fallweise kann eine Beschüttung mit Rollierschotter erfolgen. Jedoch sollten ca. 70% der Folienfläche im Regenerationsbereich mit Substrat für die Bepflanzung ausgelegt werden, welches 2–3 cm mit feinem Kies abgedeckt wird.

> **Wichtig:** *Schläuche für Umwälzpumpen, Scheinwerfer etc. werden zuerst eingebaut und mit Rollierschotter abgedeckt. Achten Sie darauf, daß das Substrat und andere Materialien nicht locker, sondern verfestigt auf der Folie liegen. So kommt es nicht zum Abrutschen, wenn der Teich mit Wasser befüllt ist.*

Abgrenzung mit Teichsäcken

Vor allem diese Bauweise ist sehr gut für den Eigenbau geeignet.

Etwa 1990 wurden spezielle Teichsäcke aus PP-Vlies entwickelt. Das Material ist, im Gegensatz zu den bis dahin verwendeten Jutesäcken, unverrottbar und UV-stabil. Die

Schwimmteiche

Säcke werden mit Betonschotter befüllt; man erhält damit „Bausteine", mit denen man viele Gestaltungsmöglichkeiten hat. In mehrere Reihen übereinandergeschlichtet, sind runde Abgrenzungen vom Schwimm- und Regenerationsbereich möglich. Auch Stufen und Seichtbereiche für Kinder können mit einfachen Mitteln gestaltet werden.

Die Säcke haben spezielle Laschen, die mit Schotter beschwert werden; somit liegen sie – wenn sie richtig verlegt werden – absolut fest und können nicht verrutschen.

Vorteil
Mit den Teichsäcken kann jede beliebige Form gelegt werden; sie sind vielseitig verwendbar für Stufen, Seichtzonen etc., für den Eigenbau gut geeignet und sehr kostengünstig.

Nachteil
Wenn sie nicht mit Mörtel abgedeckt sind und viel darauf gegangen wird, kann es besonders im Einstiegsbereich zu Beschädigungen kommen.

Vorbereitung und Baggerung

Mit dem Drehkranzbagger wird die Teichmulde ausgebaggert. Achten Sie genauestens darauf, daß die Auflagefläche für die Säcke gut verdichtet und völlig eben ist. Auf keinen Fall darf sich eine Neigung der etwa 60 cm breiten Auflagefläche in Richtung Teichmitte ergeben!

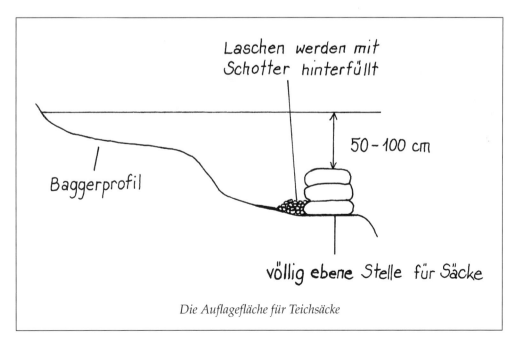

Die Auflagefläche für Teichsäcke

Schwimmteiche

Es ist übrigens nicht nötig, Vlies oder Folie doppelt unter die Säcke zu verlegen, da diese ja nicht kantig sind.

Wieviel Säcke sind für meinen Teich nötig?

Wenn die Säcke befüllt verlegt werden, haben sie eine Länge von 50–60 cm. Für einen Schwimmteich von 150 m² werden ca. 180 Teichsäcke benötigt, wenn drei Reihen geschichtet werden. Die Säcke sind jeweils im Bund zu 20 Stück erhältlich; wenn welche übrigbleiben, können sie zurückgegeben werden.

Das Verlegen der Teichsäcke

Wird ein Schwimmteich mit viel Eigenleistung errichtet, können die Säcke schon einige Tage zuvor erworben und befüllt werden. Dazu ist am besten Betonschotter 0/16, rund und gewaschen, geeignet. Aber auch sandiges Material oder Naturschotter können verwendet werden. Die Säcke werden nicht ganz angefüllt, etwa 20 cm bleiben frei – durch Zusammenrollen des oberen Teiles wird der Sack verschlossen. Ein gefüllter Sack wiegt ca. 50 kg, es sollte daher nicht darauf regnen, sonst werden sie noch schwerer.

Der erste Sack wird so verlegt, daß die Lasche Richtung Ufer schaut, der zweite Sack auf die Lasche des ersten, usf.

Ist die erste Reihe verlegt, wird sie mit den Füßen eben gestampft, damit die zweite Reihe eine gute Unterlage hat. Diese wird um einige Zentimeter Richtung Ufer versetzt, so daß eine stabile Bauweise erreicht wird. Die letzte Reihe kann mit Mörtel überzogen werden, da hinein wird nasser Kies gedrückt. Besonders bei Stufen können die Säcke so vor Beschädigungen geschützt werden.

> **Wichtig:** *Die Laschen der ersten Reihe werden, sobald sie verlegt sind, mit Schotter bedeckt, Dazu kann Rollierschotter oder Naturschotter verwendet werden. Auf keinen Fall darf scharfkantiges Füllmaterial Verwendung finden, da die Säcke sonst schnell durchgetreten werden können.*

Abgrenzung aus Holzstämmen

Da vielen Kunden Beton als Baustoff weniger zusagte, hat Herr Weixler 1986 eine Konstruktion aus Lärchen-Rundlingen entworfen. Diese Bauweise hat sich gut bewährt und wurde auch von vielen anderen Firmen übernommen. Holz verrottet unter Wasser kaum, wie man an den etwa 7.000 Jahre alten Pfahlbauresten im Hallstätter See/OÖ. sehen kann. Als Unterlage für die Rundlinge mit Auflagefläche dient der gebaggerte Untergrund, oder es wird eine Mauer errichtet.

56

Material

Entweder werden Lärchen- oder Fichtenholzstämme im Sägewerk vorgefertigt – was bis zu einer Länge von ca. 6 m möglich ist –, oder es werden gleichmäßig, rundgefräste Bauteile bestellt. Letztere sind optisch schöner, da sie völlig gleichmäßig rund und die Auflageflächen völlig eben sind. Der Durchmesser sollte 14–18 cm betragen.

Reststücke können für Stufen, Einstiege oder Steher (Stege, Brücken) Verwendung finden.

Einbau

Es ist ratsam, beim Einbau des Holzrahmens mit einem Zimmermann oder Tischler zusammenzuarbeiten. Bei der Montage ist größte Vorsicht geboten, damit die Folie nicht beschädigt wird.

Auf die vorbereitete Ebene, auf der die Holzbauteile montiert werden sollen, kommt zunächst eine Vliesunterlage, darauf wird ein Streifen Folie gelegt. Nun werden Unebenheiten mit Sandmörtel ausgeglichen, und die erste Pfostenreihe wird in ein Mörtelbett verlegt, dies geschieht mit Hilfe einer Wasserwaage. Nun werden die weiteren Rundlinge mit langen Nägeln, Schrauben oder Bauklammern mit der ersten Reihe verbunden, insgesamt werden 3–5 Reihen montiert.

Alle 2–3 m wird der entstehende Holzrahmen niederbetoniert: Bauklammern werden in das Holz geschlagen, darauf kommen je 1–2 Scheibtruhen Beton. Dieser wird mit Natursteinen abgedeckt, damit er unsichtbar bleibt.

Vorteil
Holz ist ein natürliches Baumaterial und relativ kostengünstig. Es können verschiedene eckige Formen gestaltet werden.

Nachteil
Der Einbau ist schwierig, die Gefahr, daß die Folie beschädigt wird, sehr groß. Auf dem Holzrahmen kann man nicht gehen, da er sehr rutschig ist.

Teichprofil

Bei der Gestaltung des Teichprofils ist darauf zu achten, daß die Auflagefläche für die Holzbauteile absolut eben ist. Sie sollte 80–150 cm unter dem Wasserspiegel liegen, es können ohne weiteres Abstufungen entstehen. Der Schwimmbereich kann beliebig tief sein, die Böschung sollte einen Neigungswinkel von 65–75° haben. Ansonsten kann durch das Gewicht der Holzrundlinge der Untergrund teilweise abrutschen.

Mauer als Unterbau

Wenn der Untergrund sehr locker ist (Schotter, Sand), wird zweckmäßigerweise eine Mauer als Unterbau errichtet. Optisch sieht das sehr schön aus, da ein völlig gleich-

Das Betonbecken wird mit Folie ausgelegt, darauf können Steinplatten verlegt werden

Eine sechseckige Abgrenzung aus Holzrundlingen wurde bei dieser 350 m² großen Anlage eingebaut

Die Holzrundlinge werden in mehreren Reihen auf der Folie montiert

Die Holzkonstruktion muß mit Schotter gut beschwert werden

Der Grund kann gut abgesaugt werden, da die runden Steine in einem Betonbett liegen

mäßiges Becken ohne schräge Böschungen entsteht. Die Mauer muß statisch genau berechnet sein und drei Tage abhärten, bevor die Folie darüber verlegt wird.

Abgrenzung mit Holzbecken

Es besteht auch die Möglichkeit, ein Holzbecken, das bis zum Grund reicht, einzubauen. Es sind verschiedene Bauweisen möglich, die von einem Tischler oder Zimmermann ausgeführt werden sollten. An der Seite zum Regenerationsbereich hin muß Vlies befestigt werden. Die Oberkante sollte ca. 50–70 cm unter dem Wasserspiegel liegen und aus einer 25 cm breiten Holzfläche bestehen.

Vorteil

Optisch sind sehr schöne Varianten möglich. Wer Holz als Baustoff bevorzugt, kann sicher einiges selber machen.

Nachteil

Da sehr viel Holz gebraucht wird und der Einbau nicht einfach ist, sind solche Becken ziemlich teuer. Die Kosten liegen fast so hoch wie bei einem Betonbecken.

Es muß sehr genau aufgepaßt werden, daß die Folie nicht durch Nägel, Schrauben oder Werkzeuge beschädigt wird.

> *Wichtig: Die Abstützungen müssen sehr massiv errichtet werden. Die Beschüttung erfolgt zuerst mit Rollierschotter, darauf kommt dann das Substrat. Das Holz darf nicht imprägniert sein.*

Abgrenzung aus Steinen

Wie Teichsäcke, können auch große Steine, Steinplatten und Mauersteine für die Abgrenzung verwendet werden. In diesem Fall sollten allerdings unbedingt Folie und Vlies als Schutz unterlegt werden. Optisch schauen solche Mauern sehr schön aus, insbesondere, wenn nur wenig Beton verwendet wurde.

Eine sehr schöne, aber auch sehr aufwendige Methode besteht darin, den gesamten Tiefbereich mit Rundsteinen auszulegen. Dabei ist es zweckmäßig, an der Sohle einen Estrich einzubringen und die Steine hineinzudrücken. An den steileren Stellen wird die unterste Reihe einbetoniert – dafür werden die größten Steine verwendet. Der Rest wird aufgeschichtet und nur mit wenig Magerbeton fixiert. Ähnlich wie für Teichsäcke, wird eine Ebene für größere Steine geschaffen, die eine Barriere zum Regenerationsbereich bilden.

Vorteil

Sehr schöne Variante, da überhaupt keine Folie mehr sichtbar ist. Der Grund kann

Schwimmteiche

dennoch gut abgesaugt werden, da die Steine im Beton liegen. Kröten, die am Teich-grund überwintern, können im Frühjahr herausklettern und verenden nicht.

Nachteil

Aufwendige Variante. Bei einem Schwimmteich von 150 m² müssen 2–3 Tage für das Verlegen der Steine berechnet werden. Manchmal treten nach der Befüllung des Tei-ches dort, wo betoniert wurde, helle Schlieren auf (sonst richtet der Beton aber keinen Schaden an).

Material

Nicht überall sind runde Bachsteine leicht zu bekommen; so sie über weite Strecken herangebracht werden müssen, kann dies sehr teuer werden. Für einen 150 m²-Teich sind ca. zwei LKW-Fuhren zu je 8 m³ nötig.

> **Wichtig:** *Auf die Folie muß besonders achtgegeben werden, da im Fall einer undichten Stelle womöglich der gesamte Teich ausgeräumt werden müßte!*

Naturnaher Badeteich

In einem natürlichen Gewässer gibt es üppiges Pflanzenwachstum und reges Tierle-ben; das Wasser ist mal trüb, mal klarer, die freie Wasserfläche oft nicht sehr groß.

Erstaunlicherweise „funktionieren" viele natürliche Gewässer sehr gut, obwohl jede Menge Laub, Humus und gelöste Nährstoffe in den Teich gelangen. Des Rätsels Lö-sung liegt wohl in den ausgedehnten Pflanzenbeständen über und unter dem Wasser. Wenn Sie einen pflegeleichten Teich wollen und Geduld haben, zu warten, bis sich große Pflanzenbestände gebildet haben (und es Sie nicht stört, wenn das Wasser zeit-weise „naturtrüb" ist), ist für Sie diese Variante die richtige. Selbstverständlich sollten Sie auch Mitbewohner, wie Frösche, Unken und Molche, akzeptieren können.

Wie wird ein naturnaher Badeteich gestaltet?

Der Regenerationsbereich sollte etwa 70% betragen, damit die Natur möglichst breiten Raum einnehmen kann. Es ist günstig, wenn der Teich sehr groß angelegt wird, denn je höher die Wassermenge, desto stabiler ist das biologische Gleichgewicht.

Wie in der Natur gibt es eine ausgedehnte Sumpf- und Flachwasserzone, eine großzügige Tiefwasserzone für Seerosen und andere Schwimmblattpflanzen – Wasser-tiefe ca. 1,2–1,5 m. Bis zu dieser Zone fällt die Teichsohle vom Ufer her mehr oder we-niger flach ab, im Anschluß daran jedoch etwas steiler, damit eine Tiefe von 2,5–4,5 m für die Schwimmzone erreicht wird.

Der Aushub

Bei großen Teichen sollte ein Drehkranzbagger von 20–30 t und einem breiten Böschungslöffel (ca. 2 m) eingesetzt werden. Wird der Aushub im Gelände verteilt, sind zusätzlich Schubraupe oder Radlader nötig, die dies bewerkstelligen. Ein Teil des Aushubs aus tieferen Schichten – jedenfalls ohne Humus – wird beiseite geräumt und später im Pflanzbereich ca. 20 cm hoch eingebracht.

Kommt Schotter zutage, wird eine genügend große Menge davon für den späteren Einsatz im Schwimmbereich deponiert.

Planie und Sandbett

Mit dem Böschungslöffel läßt sich die Teichsohle sehr gut planieren, so daß nur wenig Handarbeit übrig bleibt. Bevor der Bagger das Gelände verläßt, sollte er noch Sand an mehrere Stellen des Teiches befördern. Es genügt der billigste Bausand (Körnung 0/2 bis 0/4), der ca. 5 cm hoch eingebracht wird.

Abdichtung

PEHD- oder PVC-Folie mit einer Stärke von 1,5 mm bieten sich für solche Teiche an, da sie keine ausgeprägten Kanten und kleine Buchten haben – größere Buchten sind kein Problem. Das Verlegen der Folie dauert bei guten Bedingungen 2–3 Tage, wenn der Teich ca. 600 m^2 groß ist.

Gestaltung des Innenbereiches

In den Schwimmbereich wird etwa 20–30 cm hoch grober Rundschotter (30/X) oder Naturschotter eingebracht, an den steileren Stellen faust- bis kopfgroße Steine. Mit Hilfe des Baggers (oder eines Förderbandes) wird so lange Schotter auf die Böschungen befördert, bis nichts mehr abrutscht. Eine andere Möglichkeit besteht darin, die Teichsohle nicht zu beschütten, sondern die Folie frei liegen zu lassen, damit eventuell Schlamm abgesaugt werden kann.

Bei dieser Variante wird die Böschung zwischen Pflanz- und Schwimmbereich entweder mit großen Steinen ausgelegt, oder an der unteren Böschungskante wird eine Abgrenzung aus Teichsäcken eingebaut und beschüttet.

In den Regenerationsbereich wird etwa 20 cm hoch das Aushubmaterial, Lehm oder sandiges Material eingebracht und mit Sand (0/4) oder Kies (2/4) abgedeckt.

Schwimmbecken mit Binsenkläranlage

Manche Menschen schätzen zwar das natürlich weiche und angenehme Wasser eines Schwimmteiches, möchten aber so wenig wie möglich mit Pflanzen und Tieren in Berührung kommen. Im Grunde wird ein Pool gewünscht, der überschaubar und sauber ist.

Vor allem Seerosen in allen Farben wirken bei diesem naturnahen Badeteich eindrucksvoll

Auch im nachhinein können Stufen und Seichtbereiche für Kinder eingebaut werden

Nur die geometrische Form dieses 140 m² großen Badeteiches erinnert an einen Pool

Bauweisen

Der Schwimmbereich kann auch zur Gänze vom Regenerationsbereich getrennt sein. Auf jeden Fall wird für eine solche Anlage eine Umwälzpumpe benötigt. Entweder rinnt das Wasser von einem Pool gleichmäßig über eine oder mehrere Mauern in den Regenerationsbereich und wird von dort wieder in den Schwimmteil gepumpt, wo mittels Düsen eine Oberflächenströmung entsteht. Dadurch werden Samen, Staub und Blätter gleich an der Oberfläche in den Regenerationsbereich befördert. Das Becken wird je nach Lust und Laune mit einem Pool-Staubsauger von Ablagerungen befreit.

Eine andere Möglichkeit besteht darin, an anderer, etwas höher gelegener Stelle, eine Binsenkläranlage oder einen Sekundärteich zu errichten, wo das Wasser gereinigt wird und über einen Bachlauf oder Wasserfall in den Pool zurückgelangt.

Vorteil

Manchen Menschen kommt diese Variante entgegen, da sie in einem Pool schwimmen möchten.

Nachteil

Eine aufwendige Bauweise, da ein Pool und ein Teich errichtet werden müssen. Auch bei ersterem kann es zu Trübungen kommen, wenn das Zooplankton durch eine zu starke Pumpe zerstört wird. Durch ihren Betrieb entstehen nicht unerhebliche Kosten. Wird Zeolith als Filtermaterial eingesetzt, fallen ebenfalls Kosten an, da es alle 2–3 Jahre ausgetauscht werden muß. Eine solche Anlage muß fast zur Gänze von einer Fachfirma errichtet werden; sie ist für den Eigenbau nicht geeignet.

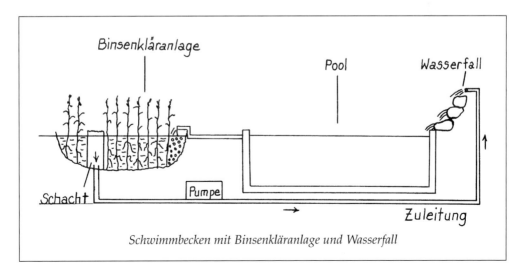

Schwimmbecken mit Binsenkläranlage und Wasserfall

Schwimmteiche

> **Wichtig:** *Bei der Errichtung sollten zwei Fachfirmen an den Tisch gebracht werden: Pool und Technik müssen ja mit den biologischen Gegebenheiten eines Teiches koordiniert werden. Womöglich übernimmt keine der beiden Firmen die Garantie für die Funktion.*

Renovierung von alten Teichen

Gar nicht so selten müssen Schwimmteiche, wenn sie falsch konzipiert wurden, generalsaniert werden. Die häufigsten Gründe dafür sind:

- Die Folie ist schadhaft (zu dünn, schlechte Qualität, mechanische Beschädigung);
- der Regenerationsbereich wurde zu klein oder zu seicht angelegt;
- der Rand wurde schlecht verarbeitet, so daß sich bereits jede Menge Nährstoffe im Teich angesammelt hat;
- statt nährstoffarmem Substrat wurde Humus eingebracht;
- der Regenerationsbereich ist nur mit Schotter gestaltet, Pflanzzonen fehlen;
- über Jahre ist Laub in den Teich gelangt, die Schlammbildung ist groß;
- Stufeneinstiege und Seichtzonen für Kinder fehlen und sollen im nachhinein eingebaut werden.

Zuallererst wird der Teich mittels einer starken Tauchpumpe mit Schwimmer entleert. Die Pumpe sollte in einem Filterkorb montiert sein, damit keine Tiere, wie Molche und Kaulquappen, zu Schaden kommen. Für diese Teichbewohner werden größere Behälter mit Teichwasser vorbereitet; darin befindet sich auch Plankton für die spätere Wiederbelebung des Teiches. Mit Netzen werden Lurche und andere Teichbewohner vorsichtig herausgefischt; besonders wenn der Teich fast leer ist, wimmelt es in den verbleibenden Wasserlachen oft von Tieren.

Pflanzen werden entweder im Teich belassen und abgedeckt oder in Gefäßen außerhalb des Teiches im Schatten untergebracht.

Bei der Entfernung von Material aus dem Teich dürfen nur Rundschaufeln verwendet werden; die Gefahr, daß die Folie beschädigt wird, ist sonst zu groß. Ältere Folien können manchmal nicht problemlos repariert werden, da sie porös geworden sind oder dieselbe Folie nicht mehr erhältlich ist – daher beim Neubau eines Teiches immer einige Folienreste aufheben! Ist der Teich – teilweise oder ganz – geräumt, kann er mit einem Hochdruckreiniger gereinigt werden; auf die Pflanzen ist jedoch aufzupassen.

Neugestaltung von Pflanzzonen

Mit Teichsäcken, Holz oder Steinen können Pflanzzonen auch an tieferen Stellen geschaffen werden. Zum Hinterfüllen kann vielleicht Schotter Verwendung finden, der in zu großer Menge bereits im Teich vorhanden war. Dieser muß mit Vlies abgedeckt werden, bevor man darauf Substrat für Pflanzen oder feinen Rundkies für einen Einstieg gibt. Sämtliche Einbauten sind mit größter Vorsicht vorzunehmen, die Folie sollte mit Vlies geschützt werden.

Neugestaltung von Seichtzonen und Einstiegen

Erst in den letzten Jahren haben sich bequeme Einstiege und Seichtzonen für Kinder durchgesetzt. Wie bei einem Neubau werden also Holzpfosten einbetoniert, Säcke oder Steine verlegt. Wichtig ist eine vorhergehende Reinigung des Untergrundes, bevor er mit Vlies und Rundkies oder grobkörnigem Sand abgedeckt wird.

Umbau von Swimmingpools

Oft stehen Swimmingpools jahrelang leer, weil sie nie richtig benützt wurden oder der Betrieb zu teuer kam.

Es gibt mehrere Möglichkeiten, einen alten Pool in einen Schwimmteich umzuwandeln – die gängigste Bauweise von Schwimmteichen ist ja aus einem solchen Umbau entstanden.

Einbau von Regenerationszonen

Die einfachste Methode der Umgestaltung besteht darin, in das Becken mit Teichsäcken Pflanzzonen einzubauen. Die Säcke werden, wie beschrieben, aufgeschichtet,

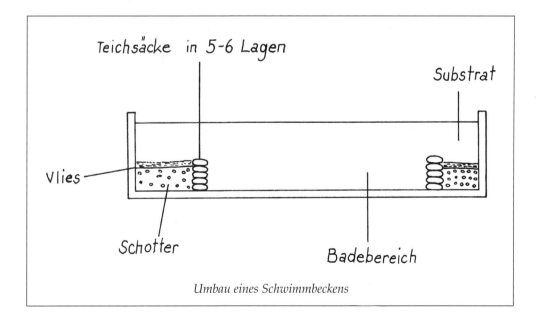

Umbau eines Schwimmbeckens

wobei fünf oder sechs Reihen meist genügen. Hinterfüllt wird mit billigem Natur-schotter (Naturkies), auf diesen kommt dann das Pflanzsubstrat.

Es können alle gewünschten Flach- und Tiefwasserzonen entstehen. Wenn sie in-tensiv mit Tauchpflanzen bepflanzt werden, genügt in manchen Fällen ein Drittel der Wasseroberfläche. Voraussetzung ist freilich, daß das Becken dicht ist, ansonsten muß es zuvor abgedichtet werden.

Erweiterung des Pools

An einer oder mehreren Seiten wird die Mauer etwa 110 cm tief abgetragen. Dort kön-nen Regenerationszonen an den Pool angeschlossen werden. Kanten und Ecken müs-sen verputzt und abgerundet werden, bevor die Folie in Pool und Seichtzonen verlegt wird. Zur Abdichtung bietet sich PVC-Folie mit Gewebe an. Alte Folien müssen aus dem Pool entfernt werden; ein Anschweißen ist nicht möglich. Es sollte nach Mög-lichkeit darauf verzichtet werden, am Grund hellen Schotter einzubringen – dieser ist nur kurze Zeit eine Augenweide, dann wird er vom Mulm bedeckt. Ein Absaugen des-selben ist in der Folge nicht mehr möglich. Wenn Kröten ablaichen, können eventuell Stufen bis an die tiefste Stelle errichtet werden, damit sie im Frühjahr nicht ertrinken und das Wasser verderben.

Pools in Hanglage

Auch ein Betonbecken in Hanglage kann zusätzliche Regenerationszonen erhalten, meist an den beiden Schmalseiten. Eine Umwälzung ist bei solchen Erweiterungen auf jeden Fall empfehlenswert, auch nur mit einer schwachen Pumpe mit 100 Watt Lei-stung.

> **Wichtig:** *Die Regenerationszonen dürfen nicht zu seicht ausgegraben werden – ein Fehler, der häufig gemacht wird. Bei allen Pools besteht die Gefahr, daß Kinder oder Tiere an glat-ten Wänden nicht herauskönnen. Es ist daher Vorsorge zu treffen, daß an mehreren Stellen die Ufer erreicht werden können – eventuell durch Einbau von kleinen Holztreppen.*

Technik im Schwimmteich

Wie bereits erwähnt, sollen Umwälzanlagen die biologischen Vorgänge im Teich un-terstützen und nicht ersetzen. Es gibt unzählige Möglichkeiten der Umwälzung, der Absaugung und Filterung. Es soll aber nur auf diejenigen näher eingegangen werden, mit denen in den letzten Jahren gute Erfahrungen gemacht wurden.

Schwimmteiche

Einfache Umwälzpumpe

Bei manchen Teichen, die ständig trüb sind, hilft bereits der Einbau einer billigen und einfachen Umwälzpumpe. Sie sollte zumindest eine Leistung von 50–100 l/min. haben. Günstiger ist es, eine schwache Pumpe im Dauerbetrieb laufen zu lassen als eine starke Pumpe einige Stunden am Tag. Die Lebewesen im Teich stellen sich nämlich auf die höhere Sauerstoffzufuhr und Umwälzung ein. Die Pumpe wird in einer Tiefe von 50–100 cm montiert und einfach mit Rollierschotter zugeschüttet. Solche Pumpen dürfen nur 24 V haben – 220 V-Pumpen werden außerhalb in einem trockenen Schacht montiert.

Entweder pumpt sie über einen Schlauch Wasser zur gegenüberliegenden Seite, wo es über einen Wasserfall o.ä. in den Teich zurückgelangt, oder das Wasser wird über ein Steigrohr einfach bis knapp an die Wasseroberfläche geführt, wo es „sprudelt".

Im Fachhandel gibt es auch eine Vielzahl verschiedener Düsen, mit denen Sie Fontänen aller Art erzeugen können.

> **Wichtig:** *Im Winter sollte die Pumpe nach Möglichkeit aus dem Teich genommen und gereinigt werden; der Spiralschlauch verbleibt selbstverständlich im Wasser.*

Luftkompressor

Eine andere Möglichkeit, Sauerstoff einzubringen und das Wasser umzuwälzen, besteht darin, Luft in eine Tiefe von 1–1,5 m einzublasen. Zu diesem Zweck werden ein im Handel erhältlicher Luftkompressor im Keller oder in einem Schacht in Teichnähe installiert und ein Spiralschlauch im Teich verlegt. Dieser sollte vorne verschlossen sein. Mit einer Bohrmaschine werden 1–2 mm große Löcher gebohrt, aus denen später Luftbläschen aufsteigen – es sind aber auch Ausströmer im Handel erhältlich.

Wenn man den Ausströmer in der Teichmitte montiert, werden Algen und andere schwimmende Teilchen Richtung Ufer getrieben, wo sie zwischen den Pflanzen hängen bleiben und absinken.

Da Sauerstoffmangel in einem Teich tagsüber kaum ein Thema ist, sollte die Sauerstoffzufuhr eher in den frühen Morgenstunden – zwischen drei und sechs Uhr stattfinden. Auch im Frühjahr, nachdem die Eisdecke geschmolzen ist, kommt es durch Erwärmung manchmal zu einer explosionsartigen Vermehrung von Bakterien – Sauerstoffmangel ist die Folge. In einen funktionierenden Teich sollte keine Luft eingeblasen werden, da damit CO_2 ausgetrieben wird – CO_2 ist ein wichtiger Nährstoff für Pflanzen!

> **Wichtig:** *Keinesfalls den Ausströmer ganz am Grund montieren, da sonst ständig Schlamm und die nährstoffreichen Wasserschichten vom Grund aufgewirbelt und im gesamten Teich verteilt werden!*

Schwimmteiche

Oberflächenabsaugung

Es gibt viele Schwimmteiche, die seit mehr als zehn Jahren ohne Technik funktionieren. Wollen Sie die Schlammbildung reduzieren, ist es zweckmäßig, entweder regelmäßig abzusaugen oder eine Oberflächenabsaugung einzubauen, damit Laub erst gar nicht absinkt, sondern in einem Fangkorb landet, aus dem es mehrmals wöchentlich entleert wird. Allerdings wird man kaum das gesamte organische Material, das an der Wasseroberfläche treibt, mittels dieser Methode entfernen können. Ein Teil wird vom Wind in andere Zonen getrieben, der Absaugschacht bzw. die Überlaufrinne sollten daher an jener Stelle montiert werden, an die das meiste Laub vom Wind getrieben wird. Die Oberflächenströmung hat den Vorteil, daß es durch die bewegte Wasserfläche zum verbesserten Gasaustausch kommt und Zooplankton nicht nennenswert zerstört wird, da es sich meist in den tieferen Wasserschichten aufhält.

Über eine Ansaugpumpe, die außerhalb des Teiches in einem eigenen Trockenschacht steht, wird Wasser aus dem Absaugschacht angesaugt. An seiner Oberfläche befindet sich ein herausnehmbarer Laubfangkorb, auf dem Laub und anderes organisches Material liegenbleibt. Auf der gegenüberliegenden Seite wird das Wasser mittels Düsen oder mit einem Installationsrohr über Löcher eingespeist; dies sollte ziemlich genau in der Höhe des Wasserspiegels geschehen. Es entsteht also eine ständige leichte Strömung – so der Wind mitspielt.

Details

Entweder wird ein vorgefertigter Schacht aus dem Fachhandel verwendet, oder es wird ein Becken mit Folie ausgekleidet, in das zusätzlich ein Schacht aus Holz oder Beton eingebaut werden kann.

Bei einer anderen Variante wird hinter dem Absaugschacht ein großer Ausgleichsschacht errichtet, der ebenfalls mit Folie abgedichtet wird. Er sollte einen Durchmes-

| Die Oberflächenabsaugung funktioniert gut, wenn der Wind mitspielt | Die Überlaufrinne muß von einem Fachmann installiert werden |

ser von 150–200 cm haben und 100–150 cm tief sein. Darin befindet sich ein Zeolith-filter und eine Tauchpumpe, die den Kreislauf herstellt. Es ist eine Streitfrage, ob die 220-V-Pumpe somit „im Teich" steht, da der Schacht ja die volle Verbindung zu diesem hat. Dies wäre verboten, auf jeden Fall muß ein Elektriker zu Rate gezogen werden, auch wird man für die Gesamtinstallation kaum ohne Fachleute auskommen. Alle Schächte müssen abgedeckt werden, am zweckmäßigsten sind aufklappbare Holz-deckel, damit die Reinigung ohne Probleme durchgeführt werden kann.

Eine neue Entwicklung ist ein *Oberflächen-Skimmer,* wie er auch in Schwimmbädern Anwendung findet. Über mehrere Leitungen, Filter und Schächte wird das Wasser an anderer Stelle wieder in den Teich gepumpt. Besonders bei öffentlichen Anlagen oder Hotels wurde diese komplizierte technische Gesamtanlage installiert. Da die Kosten sehr hoch sind, wird eine Anwendung im privaten Bereich kaum in Frage kommen; es gibt auch noch keine Langzeiterfahrungen über mehrere Jahre hinweg.

> **Wichtig:** *Alle Arten von Oberflächenabsaugungen müssen ständig gewartet und kontrolliert werden, da es sonst leicht zu Verstopfungen und in der Folge zum Trockenlaufen von Pumpen kommen kann. Allzu hohe Erwartungen sind nicht angebracht, jedoch funktionieren diese Anlagen wesentlich besser als Absauganlagen am Teichgrund.*

Überlaufrinne

Ähnlich wie bei einer Oberflächenabsaugung mit Laubfang funktionieren Überlauf-rinnen, wie sie auch bei herkömmlichen Schwimmbädern üblich sind. Mittels einer trockenstehenden Pumpe (in einem eigenen Schacht) wird das Oberflächenwasser in die Rinne gesaugt, gelangt von dort in einen Sammelschacht, in dem sich ein Filter be-findet. Das vorgefilterte Wasser wird nun durch weitere spezielle Filter gepumpt oder gelangt über Düsen, die eine Oberflächenströmung erzeugen, zurück in den Schwimmteich.

Filter und Kläranlagen

In den letzten Jahren entstanden mehrere Varianten von Kläranlagen und Filtern, durch die das Wasser von Schwimmteichen geklärt werden kann. Es sind teilweise Anlagen, die mit Binsenkläranlagen kombiniert sind. Zeolithe, Sorbtonit und andere Filterma-terialien finden hier Verwendung. Auf diese Methode der Wasserreinigung näher ein-zugehen, würde den Rahmen dieses Buches sprengen – zumal solche Kläranlagen in erster Linie bei öffentlichen Öko-Schwimmbädern Anwendung finden.

Die Errichtung ist nur mit Hilfe einschlägiger Fachfirmen möglich, da für jede Was-serqualität und jede Anlage ein eigenes Konzept Anwendung findet.

Umwälzung über Wasserfall und Bachlauf

Eine solche Umwälzung bringt ohne Zweifel Sauerstoff in den Teich, doch besteht die Gefahr, daß das Plankton im wahrsten Sinn des Wortes „unter die Räder" kommt – vor

Schwimmteiche

allem, wenn sehr starke Pumpen mit einer Leistung von 200–300 l/min. eingesetzt werden.

Am günstigsten hat sich erwiesen, wenn eine Ansaugpumpe verwendet wird, die außerhalb des Teiches in einem Schacht montiert ist. Umwälzpumpen mit einer Spannung von 220 V oder 380 V dürfen ja in einem Gewässer, in dem geschwommen wird, nicht eingesetzt werden. Über einen Spiralschlauch mit einem Filterkorb wird Wasser aus einer Tiefe von 1 m angesaugt und über einen längeren oder kürzeren Bachlauf oder Wasserfall zurück in den Teich befördert.

Ist der Bachlauf bepflanzt, und bleibt das Kiesbett ständig feucht, ist auch eine gewisse Reinigungswirkung durch Pflanzen und Bakterien möglich (siehe Kapitel „Bewegtes Wasser"). Hier kann auch Zeolith Verwendung finden.

Wartung der Pumpe

Der integrierte Filterkorb sollte mehrmals pro Woche kontrolliert und entleert werden. Die Pumpe darf nicht im Wasser stehen. Auch wenn sie eine gewisse Feuchtigkeit ohne weiteres aushält, muß die Schachtabdeckung absolut wasserdicht sein. Im Winter muß sie herausgenommen werden. Wasser, das in der Pumpe stehenbleibt, könnte sonst das Gehäuse sprengen. Manche dieser Pumpen können sowohl für den Dauerbetrieb als auch für das Absaugen von feinem Schlamm verwendet werden. Zu diesem Zweck wird die Pumpe aus dem Schacht genommen, ein Ablaufschlauch von 10 m wird montiert, der in den Kanal oder auf eine Wiese mündet, über eine Saugbürste mit Teleskopstange und Schlauch werden Wasser und Schlamm angesaugt.

Bepflanzung

Gerade in einem Schwimmteich spielt die ausgewogene und richtige Bepflanzung eine wichtige Rolle, leistet sie doch einen großen Beitrag für die Funktion des Gewässers. Die Pflanzen reduzieren Nährstoffe, produzieren Sauerstoff, entlüften den Teich durch die Eisdecke, bieten tierischen Teichbewohnern Lebensraum und Versteck – um nur einige Punkte zu nennen. Sie sollten daher von Anfang an in genügender Vielfalt und Menge vorhanden sein. Etwa 25–35 verschiedene Pflanzensorten sind zu empfehlen; als Faustregel für die Menge gelten 6–8 Stück (Bund) pro m² Regenerationsbereich.

Die Pflanzen sind nach folgenden Kriterien auszuwählen:

- Liegt der Teich in der prallen Sonne, sind möglichst viele Schwimmblattpflanzen (Seerosen, Seekanne, Schwimmender Knöterich, Schwimmendes Laichkraut etc.) zu setzen, damit die Randzonen abgeschattet werden und sich nicht zu sehr erwärmen. Das reduziert Algen und bietet dem Zooplankton gute Bedingungen.
- Für die Sauerstoffproduktion und die Nährstoffreduktion sollten Unterwasserpflanzen in mindestens fünf Sorten gesetzt werden, pro m² Regenerationsbereich 5–10 Bund.

Schwimmteiche

- Röhrichtpflanzen, Sumpfpflanzen und andere nährstoffeliminierende Gewächse sollten bis in eine Tiefe von etwa 50 cm gesetzt werden, pro m^2 Regenerationszone 3–4 Stück.
- Blühende Pflanzen werden so ausgewählt, daß von März bis Oktober ein buntes Bild geboten wird.
- Höhere Pflanzen, wie Schilf, Rohrkolben oder Seesimse, eignen sich gut als Sichtschutz.

Die Bepflanzung eines Teiches von 150 m^2 könnte etwa so aussehen:

Tauchpflanzen
20 Bund Chara
20 Bund Glänzendes Laichkraut
40 Bund Hornkraut
20 Nadelsimsen im Topf
20 Bund Tausendblatt
40 Bund Wasserpest

8 Seerosen in Sorten
2 Stk. Nymphaea Attraction
2 Stk. Nymphaea Escarboucle
2 Stk. Nymphaea tuberosa Pöstlingberg
2 Stk. Nymphaea marliacea rosea

Schwimmblattpflanzen
10 Stk. Schwimmender Knöterich
10 Stk. Schwimmendes Laichkraut
10 Stk. Seekanne

Sumpfpflanzen
8 Stk. Bachnelkenwurz
8 Stk. Blaue Iris

8 Stk. Blutweiderich
4 Stk. Dotterblume
8 Stk. Feine Segge
4 Stk. Flatterbinse
8 Stk. Froschlöffel
8 Stk. Gauklerblume (blau)
8 Stk. Gauklerblume (gelb)
4 Stk. Gnadenkraut
8 Stk. Pfennigkraut

Pflanzen für die Flachwasserzone
4 Stk. Gestreiftes Süßgras
4 Stk. Hängende Segge
8 Stk. Igelkolben
8 Stk. Kalmus (grün)
20 Stk. Rohrkolben (breitblättrig)
8 Stk. Schwanenblume
8 Stk. Seesimse
4 Stk. Wasserminze
4 Stk. Zebrabinse
8 Stk. Zungenhahnenfuß
8 Stk. Zypergrassegge

Immer wieder geistern Märchen herum von Pflanzen, die den Teich „überwuchern". In der Folge wird empfohlen, die Pflanzen sehr sparsam zu setzen. Das kann äußerst fatale Folgen haben: Die Algen haben von vornherein zu wenig Nährstoffkonkurrenz; sie „gewinnen" sozusagen und überwuchern auch noch jene paar Pflänzchen, die sich angeblich so stark vermehren. Der Teich hat keine Chance, ins biologische Gleichgewicht zu kommen, und muß neu und ausreichend bepflanzt werden. Freilich gibt es Teiche, in denen Pflanzen allzu stark wuchern: Sie sind falsch gebaut – nämlich mit zu nährstoffreichem Substrat ausgelegt. In einem Schwimmteich ist hauptsächlich nährstoffarmes Substrat, dazwischen Kies, Schotter und Steine, in denen überhaupt nichts wächst.

Wenn 20–30 cm Wasser im Regenerationsbereich stehen, werden Seerosen und Tauchpflanzen gesetzt

Mehrere Pflanzen einer Art werden in größeren Gruppen gesetzt

Die Bepflanzungsarbeit

Wenn im neuerrichteten Schwimmteich die tiefsten Pflanzzonen 20–30 cm überflutet sind und das Wasser etwas erwärmt ist, werden die ersten Seerosen und Tauchpflanzen gesetzt. Erstere werden entweder mit dem Korb eingegraben, oder der Erdballen wird dem Container entnommen und an die vorbereitete Stelle gesetzt. Grundsätzlich kann dies auch im Trockenen geschehen, nur müssen die empfindlichen Blätter dann gut abgedeckt werden, damit sie nicht austrocknen. Das Wasser sollte so rasch als möglich aufgefüllt werden. Die Tauchpflanzen werden bündelweise in die vorbereiteten Pflanzflächen gedrückt, eventuell wird ein Stein darauf gelegt, damit sie nicht aufschwimmen.

Wie beim Gartenteich, werden auch beim Schwimmteich die meisten Pflanzen in großen Gruppen gesetzt. Der Abstand sollte 20–30 cm betragen, bei Seerosen ca. 2–3 m.

Mit dem Steigen des Wasserspiegels werden nun alle Pflanzen in der richtigen Tiefe gesetzt. Keinesfalls sollten Sie dabei in die Pflanzzonen steigen; das hätte zur Folge, daß das Substrat aufgewühlt wird. Man kann jedoch auf der Abgrenzung und auf den Schotterflächen gehen.

Spülsaum

Pflanzen, die genau auf Höhe des Wasserspiegels gesetzt werden, sind besonders gefährdet, durch Wellenschlag ausgespült zu werden. Dabei gelangen Nährstoffe ins freie Wasser, Algenwuchs ist die Folge. Diese Pflanzen sollten daher mit Steinen oder Kies geschützt werden. Die Gefahr besteht nur in den ersten Monaten; wenn sie einmal gut verwurzelt sind, ist das Problem nicht mehr so groß.

Wichtig: *Im neubepflanzten Schwimmteich sollte zwei Wochen lang überhaupt nicht geschwommen werden, dann einige Wochen nur mit größter Vorsicht, damit die Pflanzen nicht ausgespült werden. Besonders das Hineinspringen sollte in dieser Zeit strikt vermieden werden!*

CHECKLISTE FÜR DIE ERRICHTUNG VON SCHWIMMTEICHEN

Planung
- Existiert eine detaillierte Planung?
- Wie nahe dürfen Sie an die Grundgrenze des Nachbarn heran?
- Ist der Teich kindergerecht? (Keine Stelle, an der ein Kleinkind direkt in den tiefen Schwimmbereich fallen kann!)
- Ist der Teich gut einsehbar?
- Sind große Bäume in der Nähe? (Laub)
- Wurde das Gefälle im Gelände gemessen?

Bewilligung
- Ist eine Bewilligung nötig? (Von Bundesland zu Bundesland verschieden.)
- Wenn tiefer als 1 m gegraben wird, ist meist nur eine „Bauanzeige" zu machen.
- Wenn ein Betonbecken errichtet wird, ist manchmal eine Baubewilligung erforderlich.
- Eine wasserrechtliche Bewilligung ist nur dann erforderlich, wenn öffentliche Gewässer einbezogen werden.

Nachbarn
- Es ist günstig, die Nachbarn vor dem Bau zu informieren – auch darüber, daß es keine Gelsenplage geben wird.

Organisation
- Ist die genaue Bauweise geklärt?
- Ist das gesamte Material termingerecht lieferbar?
- Steht ein LKW mit Förderband oder Greifer zur Verfügung?
- Ist genügend Platz zum Lagern des Materials vorhanden?
- Stehen genügend Helfer zur Verfügung?
- Ist ein Stromanschluß in der Nähe? (220 V/380 V)

Baggerung
- Ist der Bagger geeignet? (Drehkranzbagger mit Böschungslöffel)
- Ist die Zufahrt breit genug? (Begehung mit Baggerfahrer)
- Wurde der Plan vorher genau mit dem Baggerfahrer besprochen?
- Gibt es Leitungen im Grundstück? (Kanal, Drainage, Strom, Telefon etc.)
- Wird der Aushub auf dem Grundstück verwendet?
- Ist eine Deponierung des Aushubs nötig?
- Ist eine Probebaggerung nötig? (Grundwasser)

Abdichtung
- Ist die Abdichtung terminisiert?
- Wurde die Folie zeitgerecht bestellt?
- Ist der Untergrund gut vorbereitet? (Feinplanierung, Sandbett etc.)
- Wird die Folie in einem Stück verlegt oder in Bahnen vor Ort verschweißt?

Material, Werkzeug
– Ist genügend Lagerfläche vorhanden (für 1 Fuhre/8 m³ ca. 10 m² Fläche)?
– Ist das richtige Material lieferbar?
– Sind die Teichsäcke mit Betonkies befüllt?
– Stehen einige Säcke Zement und eine Mischmaschine zur Verfügung?
– Gibt es einige Scheibtruhen und Schaufeln?

Wasser
– Ist für die Befüllung genügend geeignetes Wasser vorhanden?
– Wird die Feuerwehr gebraucht?
– Muß eine Wasserprobe gemacht werden?

Stege – Brücken
– Sind Fundamente nötig?
– Ist geeignetes Holz vorhanden (Gebirgslärche, Weißtanne etc.)?
– Sind Steher vorbereitet, die im Teich einbetoniert werden?

Technik
– Sind die richtigen Leitungen für Pumpe oder Beleuchtung gelegt?
– Ist ein Pumpenschacht, sind andere Schächte nötig?
– Sind die richtigen Schläuche und Anschlüsse vorhanden?

ÖFFENTLICHE SCHWIMMTEICHE

Immer mehr Gemeinden planen und bauen anstelle herkömmlicher Swimmingpools öffentliche, ökologische Schwimmbäder bzw. Badeseen. In erster Linie mag der Kostenfaktor eine Rolle spielen, da die Errichtung eines Schwimmteiches im Vergleich relativ günstig ist. Aber auch das ökologische Bewußtsein ist größer geworden. Es hat sich herumgesprochen, daß ein Schwimmteich vielerlei Nutzungsmöglichkeiten bietet: Baden in der warmen Jahreszeit, Eislaufen und Eisstockschießen im Winter, und auch sonst gibt es für jung und alt eine Menge zu beobachten und zu bestaunen. Vor allem Kinder lernen die Zusammenhänge der Natur kennen und können anderorts längst ausgestorbene Pflanzen und Tiere erkunden. Manche öffentliche Badeteiche mit den umgebenden Anlagen haben sich zu regelrechten Attraktionen entwickelt – ökologisch interessierte Menschen kommen von weither, um sich diese Gewässer anzusehen und Ideen für eigene Projekte zu sammeln.

Langzeiterfahrungen in Österreich

Gemeinde Neußerling /OÖ. –
der erste künstlich errichtete, öffentliche Badeteich Österreichs

Die kleine Mühlviertler Gemeinde Neußerling stand 1990 vor einem Problem: Das etwa 1.000 m^2 große Schwimmbad war renovierungsbedürftig, aus Kostengründen kam aber eine herkömmliche Sanierung nicht in Frage. Schließlich wurde aber von R. Weixler und G. Brandlmair ein Projekt ausgearbeitet, das einen Umbau zu einem biologischen Badeteich zum Ziel hatte. Nach der Projektvorstellung stand fest, daß mit Hilfe von Fördermitteln der Umbau 1991 stattfinden sollte. So wurde als erster Schritt das bestehende Becken mit Folie abgedichtet, Mitglieder der Gemeinde errichteten unter fachkundiger Anleitung einen Regenerationsbereich darin. Mit Hilfe spezieller Teichsäcke wurde die Abgrenzung zwischen Schwimm- und Pflanzbereich errichtet, wurden Einstiege und Seichtbereiche eingebaut. Bei der Bepflanzung wurden die Schüler des Ortes miteinbezogen; jeder leistete seinen Beitrag, es entstand somit „unser Badeteich". Auch das Interesse der Medien war groß; skeptische Beiträge wurden bald von begeisternden Schilderungen dieser „ökologischen Sensation" abgelöst. Durch TV-Berichte war das Projekt bald bekannt, es hat bereits viele Nachahmer gefunden.

Die Erfahrungen seit der Errichtung sind durchaus positiv. Bis zu 150 Personen pro Tag haben die Anlage besucht, die Wasserwerte sind bis dato optimal. Fallweise wird an manchen Abenden Wasser zugelassen, damit Sonnenölrückstände zum Überlauf geschwemmt werden. Diese Methode funktioniert recht gut; die Besucher werden auch durch Hinweistafeln angehalten, sich vor Betreten des Schwimmteiches zu duschen. Der Schwimmbereich ist max. 2,4 m tief und wird von der Jugend über das Sprungbrett eifrig benützt. Etwa die Hälfte des Badebereiches ist Nichtschwimmern vorbehalten, dort beträgt die Wassertiefe 100–120 cm. Obwohl der Regenerationsbereich relativ seicht ist, funktioniert er sehr gut; das Wasser ist auch im Hochsommer glasklar und von Plankton belebt. Freilich kommt es zu kurzzeitigen Trübungen, wenn

Als erster öffentlicher Badeteich Österreichs wurde diese Anlage 1991 in Neußerling/OÖ. errichtet

Sehr schöner öffentlicher Badeteich in Unzmarkt/Stmk., 1993 errichtet

Dieser öffentliche Badeteich in Gloggnitz/NÖ. ist stark frequentiert

Öffentliche Schwimmteiche

Ablagerungen vom Grund durch allzuviele Badende aufgewirbelt werden; das legt sich jedoch rasch wieder. Auch außerhalb der Badesaison stellt die hübsche Anlage mit Bänken und Wiesenflächen einen Treffpunkt für Gemeindebewohner und Spaziergänger dar.

Eigenbau durch Gemeinden

Die Gemeinde Neußerling ist mit einem interessanten Beispiel vorangegangen: Die Hauptarbeit bei der Errichtung des Schwimmteiches wurde durch freiwillige Helfer geleistet, die sich zu einem „Erhaltungsverein" zusammengeschlossen haben.

Viele Dorfbewohner wurden zur Mitarbeit gewonnen, letztlich wurden auch, wie erwähnt, die Schulkinder in das Projekt miteinbezogen. Die Bewohner sind auf *ihre* Anlage dementsprechend stolz. Bis heute wird diese sehenswerte Badeanlage von Freiwilligen betreut, allerdings mit Unterstützung durch die Gemeinde. In der Folge besuchten viele Delegationen von anderen Gemeinden dieses Projekt und fanden ähnliche Lösungen.

In manchen Fällen wurden nur die Planung, Abdichtung, Technik und Bepflanzung vergeben, alle anderen Arbeiten wurden selbst organisiert, meist unter der Aufsicht einer kompetenten Firma. In anderen Gemeinden, die zum Teil größere Anlagen gebaut haben, wurden Gesellschaften gegründet, die deren Bau und die Erhaltung betreiben (z.B. Tourismusverband – Gemeinde – Bauträger). In jedem Fall ist es aber eminent wichtig, die Bevölkerung zu informieren und in die Planungen einzubeziehen.

Einige Anlagen werden vorgestellt

Bioschwimmteich mit Parkanlage

Die Marktgemeinde Unzmarkt-Frauenburg (Steiermark) in einer Seehöhe von 850 m liegt in keinem klimatisch begünstigten Gebiet. So wurde ursprünglich ein geheiztes Schwimmbad geplant; dieses Vorhaben wurde aus Kostengründen fallengelassen. Nach einer Bürgerbefragung stand fest, daß ein öffentlicher Badeteich errichtet werden sollte, er wurde inmitten einer Parklandschaft mit vielen Wegen, Geländeanhebungen, Ruheplätzen und einem Kinderspielplatz von einer jungen, engagierten Architektin aus Graz geplant.

Im Jahre 1993 wurde von der Fa. Biotop/Klosterneuburg die Badeteichanlage im Ausmaß von 1.300 m² Wasseroberfläche errichtet; etwa 750 m² davon entfallen auf den Regenerationsbereich. Für Kinder und Nichtschwimmer gibt es eine Seichtzone. Über die gesamte Anlage führt eine großzügige Holzbrücke, die auch als Liegefläche dient. Mittels einer Umwälzanlage wird ein kleiner Bachlauf gespeist, der das Wasser mit Sauerstoff anreichert; auch Frischwasser wird von Zeit zu Zeit zugeführt. Auf eine vorgesehene Beheizung konnte verzichtet werden, da die Eigenerwärmung des Schwimmteiches derart groß ist, daß die Gefahr einer Übererwärmung besteht. Von

78

den 1.600 Einwohnern und von anderen Besuchern wird die Anlage sehr gut angenommen; in der warmen Jahreszeit gehen dort täglich bis zu 350 Personen baden. Das Gewässer wird seit Beginn vom Hygieneinstitut der Universität Graz wissenschaftlich begleitet und regelmäßig beprobt. Die Wasserwerte sind hervorragend, sowohl aus limnologischer als auch aus bakterieller Sicht.

Öffentlicher Badeteich Pöls/Steiermark

In herrlicher Lage am Ortsrand wurde diese großzügige, sehr schön bepflanzte Badeteichanlage errichtet. Der Badebereich für Kinder ist besonders gelungen, eine Absperrung verhindert, daß sie in tiefere Bereiche gelangen. Die Gesamtoberfläche beträgt 4.700 m², die tiefste Stelle hat 2,7 m. Von der Gemeinde wird kein Eintritt verlangt; eine Brücke und ein Weg rund um die Anlage laden zu einem Spaziergang ein. Jährliche Wasseruntersuchungen werden vom Hygieneinstitut Graz regelmäßig durchgeführt.

Erlebnisbadesee Eben im Pongau/Salzburg

Dieser 7.000 m² große Badesee wurde 1993/94 von einer GmbH und verschiedenen örtlichen Unternehmen am Ortsrand errichtet. Die schöne Anlage ist von großzügig angelegten Wiesen und Liegeflächen umgeben. Bis zu 1.800 Personen pro Tag besuchen in der Badesaison dieses Areal. Besonders für Kinder gibt es Attraktionen, wie ein eigenes Kinderbecken und eine Rutsche. Die tiefste Stelle beträgt 3,6 m; dort befindet sich auch eine Umwälzanlage. Zur Regulierung der Temperatur kann Grundwasser zugelassen werden.

Naturbad Gloggnitz/NÖ.

Diese schöne Anlage ist geteilt in den eigentlichen Badeteich von 1.150 m² und in den bepflanzten Regenerationsbereich, der 680 m² groß ist und den Großteil der Wasserreinigung übernimmt. Neben dem Badeteich existieren noch herkömmliche Swimmingpools, so daß jeder Besucher wählen kann, wo er baden geht. Bereits im ersten Jahr besuchten mehr als 70.000 Personen das Bad am Semmering.

Öko-Familienbad Lindenthal/Sachsen

Das erste öffentliche Öko-Schwimmbad Deutschlands entstand 1997/98 in der kleinen Gemeinde Lindenthal, in der Nähe von Leipzig. Das bestehende Freibad wurde abgerissen, an seiner Stelle das 5.000 m² große Öko-Familienbad angelegt.

Besonders für Babys, Kleinkinder und Nichtschwimmer sind großzügige Badebereiche vorgesehen, die durch einen Schwimmerbereich mit 3,5 m Tiefe ergänzt werden. Die verschiedenen Bereiche sind durch Steganlagen und Liegeflächen aus Holz voneinander getrennt.

Über Kiesstrände und sanfte Stufen – oder über eine Rutsche – gelangt man ins Was-

Öffentliche Schwimmteiche

ser, Fontänen und Sprudel stellen besonders für die Jugend eine Attraktion dar. Die neuesten Erkenntnisse der Technik werden für die Reinigung des Wassers eingesetzt, welches durch eine Überlaufrinne in eine eigens konzipierte Kläranlage gelangt. Über einen Bachlauf, den Kinder zum Spielen nutzen dürfen, rinnt das gereinigte Wasser zurück in die Badeanlage.

Diese Anlage ist aber noch aus anderen Gründen sehr interessant, erstmals werden umliegende Gebäude mit Energie aus dem Teich beheizt.

Beste Wasserwerte
Bei der Bevölkerung kommt dieses Bad sehr gut an – die Besucher sind von dem Erlebniswert und der guten Wasserqualität begeistert. Selbst wenn mehr als 1000 Besucher pro Tag diesen „See" zum Baden aufsuchten, blieben die Wasserwerte stabil – vor allem bei hygienisch relevanten Keimen war keinerlei Vermehrung zu messen. Das zeigt, daß die Selbstreinigungskraft von Badeteichen exzellent funktioniert – auch Experten sind erstaunt darüber, daß bei nahezu allen gemessenen Parametern Trinkwasserqualität vorherrscht.

Da es sich um den ersten öffentlichen Kleinbadeteich der BRD handelt, wird er besonders intensiv untersucht: vom zuständigen Gesundheitsamt, von der Universität Leipzig sowie vom Institut für Wasseraufbereitung in Linz/OÖ.

Pflege bei öffentlichen Anlagen

- Insbesondere der Eintrag von Nährstoffen (Laub) ist durch geeignete Schutznetze in Schach zu halten.
- Die Duschen sollen so positioniert sein, daß die Besucher daran vorbei (bzw. darunter) müssen, wenn sie baden gehen. Auf Hygiene ist besonders zu achten.
- Unterwasserpflanzen sollen großzügig (im Sommer) geschnitten werden – so werden indirekt Nährstoffe entfernt.
- Fische, Enten und andere Tiere, die Schaden anrichten können, haben in Kleinbadeteichen nichts zu suchen.

Ansonsten sollten die von der Errichtungsfirma vorgegebenen Pflegemaßnahmen genauestens eingehalten werden.

DER TEICH ALS KOLLEKTOR

Ein findiger Architekt aus Leipzig hat das Konzept entwickelt, das Öko-Familienbad Lindenthal als riesigen Kollektor zu nutzen und mittels Wärmepumpen-Technologie Energie zu gewinnen. So werden nicht nur sämtliche Duschen des Bades mit Warmwasser versorgt, sondern auch die Gastronomie, Sauna und andere Einrichtungen – Beheizung miteingeschlossen. Theoretisch wäre es möglich, etwa 25 Einfamilienhäuser mit Warmwasser zu versorgen. Dem Badesee schadet die Abkühlung um 1° C nicht – im Gegenteil, eine zu starke Erwärmung wäre für das biologische Gleichgewicht nicht vorteilhaft.

Das System funktioniert Sommer und Winter – alleine unter der Folie wurden auf 2.500 m^2 kilometerlange PE-Schläuche verlegt. Theoretisch könnten im Sommer die neu errichteten Gebäude sogar gekühlt werden.

Dieses neue Konzept, einen Badeteich nicht nur zum Schwimmen, sondern auch als großen Kollektor zur Energiegewinnung zu nützen, wird sicherlich auch für Einfamilienhäuser und kleine Siedlungen in naher Zukunft interessant werden.

Die Anlage in Lindenthal wurde von DI Arch. T. Markurt/Leipzig und R. Weixler/OÖ. konzipiert und ausgeführt.

BEWEGTES WASSER

Das Plätschern eines Wasserfalls oder Bachlaufs hat nicht nur eine angenehme belebende Wirkung auf den Menschen; auch das Wasser wird belebt und mit Energie angereichert, was sich unmittelbar auf die Fauna und Flora unter Wasser auswirkt. Insbesondere bei Schwimmteichen ist eine gewisse Bewegung des Wassers sehr von Vorteil. Wenn Sie ein perfektes Vorbild suchen, machen Sie am besten eine Wanderung, und schauen Sie der Natur ab, wie sie Wasserfälle und Bäche gestaltet.

Bachlauf, Wasserfall, Fontäne

In nahezu jedem Garten kann ein künstlicher Bachlauf geschaffen werden; besonders bieten sich freilich Grundstücke mit mehr oder weniger starker Neigung an. Auf flachem Gelände kann der Aushub zu einem sanften Gefälle aufgeschüttet werden. Markieren Sie zuerst den gewünschten Verlauf mit Pflöcken oder Kalk. Beim Ausgraben ist darauf zu achten, daß eigentlich *ein Becken an das andere angefügt wird;* dazwischen sind Erhöhungen, von denen das Wasser später herabplätschert. Gräbt man ein längeres „Bachbett" ohne Dämme, rinnt das Wasser dann unter Umständen kaum sichtbar unter den Steinen dahin. Es sollte also teilweise aufgestaut sein und dort nur langsam

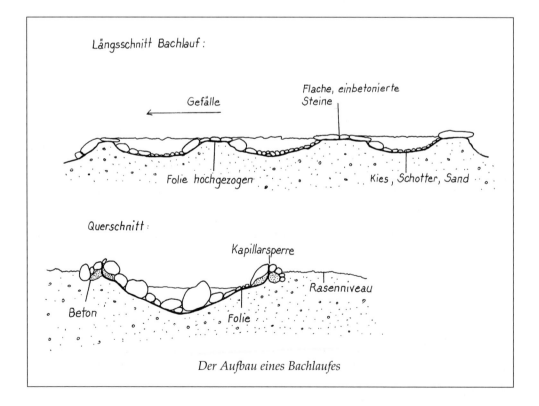

Der Aufbau eines Bachlaufes

Bewegtes Wasser

fließen. Die „Becken" können verschiedene Form, Länge und Breite haben; auf jeden Fall sollte mit der Wasserwaage das Niveau ständig überprüft werden. Am natürlichsten sieht es aus, wenn sowohl flache, seichte Zonen als auch schmälere und tiefere Bereiche gestaltet werden.

> **Wichtig:** *Graben Sie großzügig aus. Es kommen ja eine Menge Steine, Schotter und Kies in den Bachlauf – die Gestaltungsmöglichkeiten sind auch größer, wenn mehr Platz vorhanden ist.*

Folie

Für kleinere Bachläufe und Becken verwenden Sie am besten Folie von 1,0 mm Stärke, da sich diese am besten an die Rundungen und Geländestufen anschmiegt. Achten Sie darauf, daß am Rand genügend Folie übersteht, und schneiden Sie diese erst ganz am Schluß ab. Der Rand muß gut befestigt werden; am besten wird die Folie zwischen kleineren und größeren Steinen eingeklemmt, die in einem Betonbett liegen.

> **Wichtig:** *Der häufigste Fehler ist, daß die Folie zu kurz abgeschnitten wird – es tritt Wasser aus, und Humus wird eingeschwemmt. Die Folie daher erst abschneiden und stabilisieren, wenn der Bachlauf schon in Betrieb ist.*

Einrichtung

Steine, Schotter und Kies sollten auf eine Vliesunterlage gelegt werden, da die Folie ja sehr dünn ist. Steine können ohne weiteres einbetoniert werden, wenn man die Folie an dieser Stelle doppelt legt. Achten Sie jedoch darauf, daß sie nicht spannt, besser sollten Falten entstehen, damit ein gewisser Spielraum bleibt. Verwenden Sie verschiedene Körnungen von Schotter, Kies und Sand. An jener Stelle, an der das Wasser in das nächste Becken hinabplätschern soll, werden die Steine wasserdicht gemauert, d.h. dem Mörtel wird ein Dichtungsmittel zugegeben.

Soll ein Wasservorhang entstehen, wird eine größere Natursteinplatte einbetoniert. Ein Großteil des Wassers wird darüberrinnen, doch dringt Wasser immer auch durch den Beton.

Umwälzanlage

Der Schlauch der Umwälzpumpe wird am besten entlang des Baches in frostfreier Tiefe verlegt. Verwenden Sie einen Spiralschlauch von guter Qualität, der nicht beschädigt wird, wenn an den Übergängen Wasser darin friert. Er sollte am Beginn des Bachlaufes zwischen Steinen montiert werden, so daß er kaum sichtbar ist. Eine andere Möglichkeit besteht darin, einen Stein anbohren zu lassen und den Schlauch mit Silikon einzukleben.

Bewegtes Wasser

Durch mehrere hintereinander liegende Becken wird ein Bachlauf mit Gefälle gestaltet

Quellsteine

Eine eindrucksvolle optische Wirkung ergibt sich, wenn über einen schönen Stein Wasser herunterrieselt. Jeder Steinmetz kann ein Loch von 2–4 cm durch den Stein bohren; größere Steine können auch direkt am Teich angebohrt werden (was allerdings nicht billig ist). Der Quellstein muß sehr gut auf einem Fundament aufliegen; auch mit Schotter befüllte Teichsäcke eignen sich gut. An der Unterseite sollte das Loch freiliegen, damit der Schlauch mit Silikon eingeklebt werden kann. Damit er nicht abknickt, sollte ein Knie aus Metall an der Unterseite des Steines eingebaut werden. Der Schlauch kann in der Mitte des gebohrten Loches oder eher im oberen Drittel enden. Nur wenn irgendeine Art von Düse oder Fontäne montiert werden soll, muß er ganz herausragen.

Kieselbrunnen

Wer nur eine kleine Fläche für bewegtes Wasser zur Verfügung hat, kann sich auf etwa 1 m² einen Sprudelstein oder Kieselbrunnen schaffen. Entweder wird ein großes Gefäß einfach eingegraben, oder die Mulde von 60–80 cm Tiefe wird mit Folie oder GFK abgedichtet. Am Grund wird auf Ziegelsteinen eine Umlaufpumpe montiert, über ein Steigrohr wird das Wasser nach oben gepumpt und sprudelt aus dem Kies oder zwischen den Steinen hoch. Zuvor wird das Gefäß oder die Mulde mit trittsicherem Stahlgitter abgedeckt – darauf kommen dann Steine und Kiesel in einer bestimmten Größe, damit sie nicht durch den Rost fallen. Es gibt mehrere Aufsätze für das Steigrohr, so daß ein Schaumsprudel, eine Wasserglocke oder eine kleine Fontäne entstehen können. Wichtig ist, genau darauf zu achten, daß kein Wasser verlorengeht – verdunstetes Wasser muß nachgefüllt werden!

Fontänen und Springbrunnen

Im Fachhandel werden viele Modelle von Springbrunnen mit Fontänen angeboten. Meist sind sie aus Kunststein oder Beton hergestellt; darunter finden sich viele Nachbildungen klassischer Brunnen. Sie lassen sich leicht selbst zusammenbauen; Sie müssen nur mehr die Pumpe an die Anschlüsse im Brunnen installieren. Wichtig ist, daß ein stabiles Fundament errichtet wurde.

Fontänen im Teich

Wer keinen Bachlauf oder Wasserfall verwirklichen kann, hat die Möglichkeit, im Teich eine Umwälzpumpe mit Steigrohr und Düse zu montieren und auf diese Art für Umwälzung und Sauerstoffeintrag zu sorgen. Die Tauchpumpe wird auf einem Sockel in einer Tiefe von 1–2 m montiert und mit Steinen fixiert. Die meisten Pumpen können mit Rundschotter eingeschüttet werden; dieser wirkt gleichzeitig als Filter. Das Steigrohr mündet knapp unter der Wasseroberfläche, darauf wird der gewünschte Aufsatz montiert: Von einfachen Fontänen über Spiralen und mehrstufige Fontänen gibt es eine große Auswahl. Von Seerosen sollten Sie aber auf jeden Fall Abstand halten; sie schätzen es nicht, wenn die Wasseroberfläche bewegt wird oder sie beregnet werden.

Wichtig: In Schwimmteichen dürfen keine Pumpen mit 220 V installiert sein; mittels Transformators können aber Pumpen mit 12 V angebracht werden.

Große Wasserfälle

Bei manchen großen Teichen werden mehrere Meter hohe Wasserfälle eingebaut. Da oft tonnenschwere Steine verlegt werden, spielt der Untergrund eine besondere Rolle. Die Folie soll prinzipiell großzügig und in zwei Lagen verlegt werden. Als Unterlage für große Steinblöcke sind Teichsäcke bestens geeignet; sie können in mehreren Lagen übereinandergeschichtet werden und bilden dann ein stabiles Fundament. Unter größter Vorsicht werden die Steine mittels Gurten oder Ketten hochgehoben und an die gewünschte Stelle gelegt. Dies kann auch durch einen LKW-Kran mit Greifer geschehen,

Bewegtes Wasser

so die Zufahrt möglich ist. Der Vorteil von solch einem Gerät besteht darin, daß der Stein sehr genau plaziert werden kann. Damit das Wasser dann wirklich über die Steine und nicht unten durchläuft, sollten Hohlräume mit Beton ausgefüllt werden.

Filter

Bei der Installation von Filtern muß in erster Linie darauf geachtet werden, daß die Wasserumwälzung nicht zu rasch und zu „effektiv" geschieht. So mancher Schwimm-teichbesitzer, der trübes Wasser klären wollte, hat böse Erfahrungen gemacht, wenn er das Teichwasser durch eine Sandfilteranlage eines Pools gepreßt hat: Das Zooplankton wurde durch die Pumpe zerstört oder blieb im Sandfilter liegen. Der Effekt: Das bio-logische Gleichgewicht ist empfindlich gestört, es kann zu noch stärkeren Wassertrü-bungen kommen. Bei Umwälzpumpen ist daher in erster Linie darauf zu achten, daß sie nicht zu stark sind und im Dauerbetrieb eher eine schwache Leistung erbringen als kurzzeitig eine große Wassermenge fördern.

Im letzten Jahr wurde speziell für die Reinigung von Gartenteichen der Biotec-Fil-ter entwickelt, der das Wasser im 24- Stunden-Betrieb mit Sauerstoff versorgt und eine biologische Filterung gewährleistet. Spezielle Bakterien und Mikroorganismen wer-den im Filter festgelegt, die Biomasse läßt sich durch ein herausnehmbares Element leicht entfernen – sie kann kompostiert werden.

Filter sind besonders empfehlenswert, wenn sich viele Fische im Teich befinden und diese auch noch gefüttert werden; da kann es leicht zu einer Vergiftung der Fische durch Ammonium kommen, wenn keine Wasserreinigung erfolgt.

Bepflanzte Kiesfilter

Wasserreinigung mittels Pflanzen und Bakterien ist sehr erfolgreich und wird seit Jahr-zehnten bei der Behandlung von Hausabwässern eingesetzt. Auch Teiche können sehr gut mittels eines Sumpfbeetes geklärt werden. Die Anlage sollte etwa 10–20% der Teichoberfläche ausmachen. Es wird ein Beet von etwa 60 cm Tiefe ausgegraben, die Abdichtung erfolgt wie bei einem Teich. Mittels einer geeigneten Pumpe wird das Was-ser vom Teichgrund zur Anlage gepumpt. Dort wird es mit Hilfe von Rohren mit Löchern gleichmäßig über die mit Kies gefüllte Anlage verteilt. Bei richtigem Aufbau und intermittierender Beschickung wird eine vertikale Durchströmung des Filterkör-pers erreicht.

Sauerstoff spielt auch bei der Funktion von Binsenkläranlagen eine große Rolle. Die Kläranlage selbst wird mit Kies (2–6 mm) befüllt, damit ein Durchströmen gewährlei-stet ist und das Wasser nicht oberflächlich darüberrinnt. Bepflanzt wird das Becken mit Binsen, Seggen, Iris, Kalmus und anderen Repositionspflanzen. Größere Anlagen kön-nen auch mit Rohrkolben und Schilf bepflanzt werden, allerdings sollten die Becken dann 80–100 cm tief sein.

An den Wurzeln der Repositionspflanzen und im Kies bilden sich Bakterien (Wurzelraumbakterien), die einen Großteil der Reinigung und Nährstoffumwandlung besorgen. Die Pflanzen entziehen die aufbereiteten Nährstoffe und erzeugen Biomasse.

Die *Wartung* und *Pflege* der Anlage beschränkt sich auf das Reinigen von Laub sowie auf das Zurückschneiden der Pflanzen im Frühling.

Wenn Sie eine größere Binsenkläranlage planen, eventuell zur Klärung von Hausabwässern, sollten Sie auf jeden Fall einschlägige Literatur studieren *(siehe Anhang)* oder einen Fachmann zu Rate ziehen. Es gibt mehrere sehr gut funktionierende Systeme und vor allem Erfahrungen sowie wissenschaftliche Begleitung von Anlagen über Jahrzehnte hinweg. Besonders im ländlichen Bereich wird diese Art der Abwasserentsorgung Zukunft haben, da sie effektiver und billiger ist als herkömmliche Anlagen mit kilometerlangen Kanälen.

Wasserbelebungsgeräte

In letzter Zeit werden vielfach Geräte angeboten, die Wasser „vitalisieren" bzw. „levitieren" sollen. In Büchern, Broschüren und Prospekten werden vor allem zwei Personen genannt:

Die beiden österreichischen Erfinder Johann Grander und Viktor Schauberger haben im Verlauf ihrer jahrzehntelangen Forschungen festgestellt, daß Wasser viel mehr ist als nur die chemische Formel H_2O. Besondere Bedeutung messen sie ihrer Ansicht bei, daß Wasser imstande ist, heilvolle, positive Informationen aufnehmen zu können wie auch negative Prägungen zu speichern. Das bedeutet nach Meinung Johann Granders, daß z.B schwermetallverseuchtes Wasser selbst nach gründlicher chemischer Aufbereitung die Schadstoffinformation dennoch an den menschlichen Organismus weitergibt.

Bei den in der Folge aufgezählten Geräten geht es immer um die „richtige Schwingung"; da sich neuerdings viele Wissenschafter mit diesen Erkenntnissen auseinandersetzen, könnte an den Thesen Schaubergers und Granders einiges dran sein.

Grander-Wasserbelebungsgerät

Durch dieses Gerät soll Wasser jene Energie zurückerhalten, die es durch verschiedene Umwelteinflüsse, den hohen Leitungsdruck, das Abstehen in den Leitungen etc. verloren hat. Wasser soll sich durch das Gerät wieder regenerieren, es soll widerstands-, aufnahme- und transportfähig werden. Johann Grander versetzt reines, edles Wasser durch besondere Behandlung mit Gravitationsenergien in sehr hohe (Licht-) Schwingungen. Das Gerät ist sowohl für den Einbau in die Hauswasserleitung als auch als Taschengerät zu erhalten.

Bliss-Wasserinformationsgerät

Aus über tausend ausgesuchten Mineralien wird für das zu behandelnde Wasser die optimale Schwingungszusammensetzung ausgesucht und in Abstimmung zum Resonanzkörper gebracht, der aus einer vergoldeten Edelmetallegierung besteht. Diese Informationskristalle werden dann auf einem speziellen Trägervlies in den Resonanzkörper eingebracht. Eine zusätzliche Information erfolgt in den Querbohrungen über Heilwässer, die ebenfalls auf das jeweilige Wasser abgestimmt werden.

Euro Vital-Wasservitalisierung

Für Schwimmteiche, Schimmbäder, Seen und Kläranlagen wurde die sogenannte *Sauerstoffscheibe* entwickelt. Sie soll Sauerstoff und Lebensenergie potenzieren und an das Wasser abgeben. Der Erfolg soll deutlich fühlbar sein, das Wasser bleibt klar. Auch für Garten und Landwirtschaft gibt es Aggregate, die eingebaut werden können.

Penac-W

Roland Plocher hat sich viel mit Grander und Schauberger auseinandergesetzt und ein Gerät entwickelt, mit dem er Quarzmehl informiert. Das weiße Pulver mit einer für das Wasser günstigen Information wird Gewässern zugeführt; teilweise stellen sich verblüffende Erfolge ein.

Kristalle

Die „Schwingungen" von Kristallen sind ja bekannt. Damit Wasser wieder seine „kristalline" Struktur erhält, genügt es auch, verschiedene Kristalle, wie Bergkristall, Rosenquarz, Amethyst, in den Kreislauf einzubinden bzw. das Wasser darüberlaufen zu lassen.

Allerdings sollen die Kristalle alle paar Wochen an der Sonne wieder „aufgeladen" werden.

Grundsätzlich haben wir in den letzten Jahren sehr positive Erfahrungen auf diesem Gebiet sammeln können.

Es ist durchaus empfehlenswert, sich mit Wasser und seinen verschiedenen Qualitäten näher auseinanderzusetzen, ist es doch unser wichtigstes Lebensmittel. Freilich ist dazu eine andere Betrachtungsweise nötig als die, die wir in der Schule gelernt haben, nämlich daß Wasser nur H_2O ist. Es stellt sicher eine Bereicherung dar, z.B. einen Teich als ganzheitlichen lebendigen Organismus zu betrachten und sich mit Sensibilität und Einfühlsamkeit mit dem Element Wasser zu beschäftigen.

BIOLOGIE IM TEICH

Einzelne Teiche mögen einander in ihrer Ausdehnung, Tiefe und Form ähnlich sein, doch sind sie in ihrem Organismenbesatz meist völlig unterschiedlich. Gerade diese Tatsache läßt sie aber zu besonders interessanten Untersuchungsobjekten werden.

Das biologische Gleichgewicht

Allen natürlichen und künstlichen Teichen, die richtig angelegt wurden, ist gemeinsam, daß in ihnen ein relativ stabiles biologisches Gleichgewicht besteht. Pflanzen, Lurche, Klein- und Mikroorganismen sind über ein Nahrungsnetz voneinander abhängig. Wird ein Faktor in diesem komplexen Verbund verändert oder entfernt, wirkt sich das zwangsläufig auf alle Lebewesen dieses Ökosystems aus. Wenn sich in einem Teich z.B. Fische zu sehr vermehren, wird das Zooplankton aufgefressen, Schwebealgen werden von Daphnien nicht mehr herausgefiltert, der Kot der Fische trägt zu ihrer Massenvermehrung bei. Das Gewässer kann völlig trüb werden, was sich wiederum auf das Pflanzenwachstum in tieferen Zonen auswirkt, da weniger Licht durch das trübe Wasser dringt. Die Algen produzieren jedoch Sauerstoff, der in das Wasser abgegeben wird; wenn sie absterben, werden sie von Bakterien mineralisiert, wie auch Pflanzenreste, Laub und sämtliches organisches Material im Teich. Dieser Abbauprozeß verbraucht viel Sauerstoff; es kann zu einem Absterben von Lebewesen kommen, wenn der Sauerstoffpegel zu sehr absinkt. Diese Gefahr besteht vor allem im Frühjahr, wenn sich viel organisches Material im Teich befindet und es zu einer Massenvermehrung von Bakterien und Pilzen durch Wärme kommt. Im Extremfall führt dies zu einem Absterben aller Lebewesen im Gewässer, die Sauerstoff benötigen, zu anaeroben Fäulnisprozessen und zum „Kippen" des Teiches. Sauerstoff ist somit ein wesentlicher Faktor im Teich.

Sukzession

Die Entwicklung eines Teiches, von seiner Entstehung bis zu seiner Verlandung, nennt man Sukzession. Sie ist die Abfolge der verschiedenen Pflanzengesellschaften, die sich entwickeln, absterben und durch andere ersetzt werden. Durch die Biomasse und den Schlamm, der als Endprodukt entsteht, haben immer neue Pflanzenarten die Möglichkeit, Fuß zu fassen. Überläßt man den Teich seiner natürlichen Entwicklung, wird er früher oder später verlanden und vielleicht völlig verschwinden. Je flacher ein Gewässer ist, desto größer wird die Vielfalt an Pflanzen sein, um so rascher wird es sich verändern und verlanden.

Der Sauerstoffgehalt

In der Luft befinden sich ca. 20% Sauerstoff; er ist also immer zur Genüge vorhanden. Im Wasser jedoch sind selten mehr als 10 bis 12 mg pro Liter gelöst, das ist relativ wenig. Für alle Lebewesen eines Teiches ist es deshalb sehr wichtig, daß immer genügend

Biologie im Teich

Sauerstoff zur Verfügung steht. Er entsteht durch die Photosynthese der Pflanzen, durch bewegtes Wasser (auch Wind und Wellen) oder durch künstliche Anreicherung. In kaltem Wasser kann mehr Sauerstoff gelöst sein als in warmem – es kann daher besonders im Sommer leicht zu einem Sauerstoffmangel kommen.

Der Sauerstoffgehalt ist aber auch vom Luftdruck und von der Größe der Wasseroberfläche im Verhältnis zum Wasservolumen abhängig. Außerdem unterliegt er starken natürlichen Schwankungen: Tagsüber wird Sauerstoff von den Pflanzen erzeugt, nachts wird er wieder verbraucht. So kommt es häufig in den frühen Morgenstunden zu einem „Engpaß" – es ist daher sinnvoll, Pumpen oder Belüftungen gerade in dieser Phase mittels einer Zeitschaltuhr laufen zu lassen.

Der pH-Wert

Nach dem Sauerstoff ist dieser Wert ein wichtiger Faktor für die Lebewesen im Wasser. Die Skala reicht von 0–14 und bezeichnet die Stärke von Säure oder Lauge. Destilliertes Wasser hat einen pH-Wert von 7, das wird als neutral bezeichnet. Je tiefer der pH-Wert darunterliegt, desto mehr geht er in den sauren Bereich, je höher er über 7 liegt, um so alkalischer ist die Lösung (z.B. Seifenlauge). In einem funktionierenden Teich sollte der pH-Wert zwischen 6,5 und 8,5 liegen. Es kommt jedoch zu tageszeitlichen Schwankungen; an der Wasseroberfläche kann er so stark im alkalischen Bereich liegen, daß sich Fische mit einem oberständigen Maul verätzen. Bei Messungen ist daher immer zu beachten, daß zu verschiedenen Tageszeiten und in verschiedenen Wasserschichten Proben genommen werden. So erhält man auch einen richtungweisenden Durchschnittswert. Am exaktesten wird mit einem elektronischen pH-Meter gemessen; die Sonde wird an die gewünschte Stelle im Wasser gehalten, der Wert ist nach Sekunden digital ablesbar – auf Hundertstel genau.

Der Kohlendioxid- und Kalkgehalt

Der pH-Wert hängt mit dem Kohlendioxidgehalt des Wassers zusammen. Dieser ist wie der Sauerstoffgehalt von mehreren Faktoren abhängig. Alle Lebewesen, die Sauerstoff atmen, geben Kohlendioxid ab, das gilt auch für alle Wasserbewohner. Pflanzen wiederum benötigen für die Photosynthese Kohlendioxid, sie entziehen es dem Wasser tagsüber und produzieren es in der Nacht. Wenn Pflanzen am Tag zuviel Kohlendioxid verbrauchen, kann der pH-Wert innerhalb weniger Stunden kräftig ansteigen, es können durchaus pH-Werte von 9,0 und mehr gemessen werden.

$$CO_2 + H_2O = H_2CO_3$$

Kohlendioxid bildet zusammen mit Wasser Kohlensäure; diese kann Kalk lösen. Entzieht man dem Wasser Kohlendioxid, bildet sich unlöslicher Kalk, wie er auf manchen Pflanzen als weiße Schicht erkennbar ist, z.B. auf dem Glänzenden Laichkraut.

Ansteigen und Abfallen des pH-Wertes hängen also eng mit dem Kohlendioxid- und dem Kalkgehalt des Wassers zusammen.

Ein pH-Wert im neutralen oder leicht basischen Bereich bedeutet, daß wenig freie Kohlensäure im Wasser gelöst ist. Das Kohlendioxid ist in Form von kohlensaurem Kalk gebunden, wenn die Konzentration an gelöstem Kalk im Wasser hoch ist.

Freie Kohlensäure bewirkt, daß der pH-Wert niedriger ist, also eher im sauren Bereich liegt.

Eine praktische Bedeutung haben diese Erkenntnisse bereits beim Einrichten und Befüllen eines Teiches. Ein Teil des Schotters, Sandes und Substrates sollte aus Kalk bestehen, damit es zu einer Pufferung und Stabilisierung des pH-Wertes kommt.

Der Nährstoffhaushalt

In jedem Gewässer sind Nährstoffe vorhanden, die für das Pflanzenwachstum und über das Nahrungsnetz für das Wachsen und Vermehren von Tieren verantwortlich zeichnen. Wasserpflanzen und Algen brauchen zusätzlich Kohlendioxid und Licht. Manche Pflanzen entnehmen dem Bodengrund über ihre Wurzeln andere Nährstoffe, andere, wie z.B. Tauchpflanzen, sind in der Lage, im Wasser gelöste Nährstoffe direkt über ihre Blätter aufzunehmen.

Die wichtigsten Nährstoffe im Wasser sind Kohlenstoff (C), Stickstoff (N) und Phosphor (P) – in der Biomasse von Algen beträgt das Verhältnis etwa:

$$C : N : P \; = \; 115 : 15 : 1$$

Das Element Phosphor ist in Teichen meist der wachstumsbegrenzende Faktor (Minimumfaktor). Wenn seine Verfügbarkeit größer wird, steigt der Biomasseertrag, bis ein anderes Element Minimumfaktor wird.

Wie bereits erwähnt, zersetzen Mikroorganismen organische Masse; in der Folge werden Nährstoffe frei, die den niederen Pflanzen (Algen) und den höheren zur Verfügung stehen.

Es besteht ein ständiger Kreislauf: Pflanzen wachsen mit Hilfe von Nährstoffen + Licht + Kohlendioxid, sie sterben ab und werden von Bakterien mineralisiert; es werden wieder Nährstoffe frei. In der Zwischenzeit produzieren sie Sauerstoff und Kohlendioxid und verbrauchen beide im Tag- und Nachtrhythmus.

Je mehr Nährstoffe zur Verfügung stehen, desto üppiger werden höhere Pflanzen gedeihen; limitierender Faktor ist für sie das Licht. Algen haben grundsätzlich dieselben Ansprüche wie Wasserpflanzen; limitierender Faktor sind bei ihnen die im Wasser gelösten Nährstoffe. Es besteht eine Nährstoffkonkurrenz zwischen Algen und höheren Pflanzen: Je mehr Tauchpflanzen in einem Gewässer vorhanden sind, desto mehr werden sie dem Wasser Nährstoffe entziehen, von denen sonst Algen profitieren würden.

Biologie im Teich

Ammonium und Ammoniak

Steigt der pH-Wert in einem Gewässer, kann aus ungiftigem Ammonium (NH_4) gifti-ges Ammoniak (NH_3) entstehen; durch Bakterien wird Ammoniak/Ammonium zu Nitrit und dieses zu Nitrat abgebaut. Bei diesen Oxydationsvorgängen wird Sauerstoff von den Bakterien verbraucht. Das Endprodukt Nitrat steht den Pflanzen als Dünger zur Verfügung.

Photosynthese und Atmung bei Wasserpflanzen

Die Photosynthese ist der wichtigste Vorgang für den Aufbau von Biomasse; dabei wird anorganisches Kohlendioxid in organische Biomasse umgewandelt. Pflanzen können daher ihren Eigenbedarf an Energie durch Photosynthese decken, dabei kommt es zur Abgabe von Sauerstoff ans Wasser. Dies ist auch gut zu beobachten, wenn an sonnigen Tagen winzige Luftbläschen an die Wasseroberfläche steigen.

In der Nacht verbrauchen untergetaucht lebende Wasserpflanzen den tagsüber pro-duzierten Sauerstoff teilweise wieder. Diesen nehmen sie, wie das Kohlendioxid, wel-ches sie für die Photosynthese benötigen, mit ihrer gesamten Oberfläche direkt aus dem Wasser auf. Aus diesem Grund sind ihre Wurzeln meist nur schwach entwickelt. Auf den Blättern bleibt Calziumkarbonat zurück, wenn das Kohlendioxid aus dem Lö-sungsgleichgewicht entfernt ist.

PFLANZEN FÜR DEN TEICH

Pflanzen für die Sumpfzone

In dieser Zone, die zwar ständig feucht, aber nur selten vom Wasser überflutet ist, gedeiht eine große Vielfalt an Pflanzen. Auch etliche Sorten, die normalerweise in tieferem Wasser wachsen, sind mit einem feuchten Standort zufrieden – Sumpf- und Wasserpflanzen sind äußerst anpassungsfähig. Die folgende Auflistung ist daher eher als Empfehlung zu verstehen; selbstverständlich werden viele Pflanzen sowohl einen seichteren bzw. tieferen Wasserstand vertragen. Manche Sorten bilden sehr hübsche Landformen aus, wie z.B. Kaltwasserfeder, Seekanne, manche Laichkräuter, Unterwasserhahnenfuß u.a.; sie wachsen aber meist in tieferem Wasser. Umgekehrt bilden manche Pflanzen interessante Formen in tieferem Wasser aus, wie z.B. Froschlöffel, Pfeilkraut, Igelkolben, Pfennigkraut – die Schwimmblätter sind oft gar nicht so einfach einer bestimmten Art zuzuordnen.

Im folgenden sind nur die wichtigsten Sumpfpflanzen erwähnt, ohne Schema – lediglich alphabetisch – nach deutschen Namen geordnet.

Wenn keine näheren Angaben dabeistehen, blüht die Pflanze im Frühjahr und Sommer und verlangt keinen bestimmten Untergrund.

Bachnelkenwurz *(Geum rivale)*
Üppige Sumpfpflanze mit zarten, rotvioletten Blüten, Höhe bis 30 cm, halbschattig.
Bittersüßer Nachtschatten *(Solanum dulcamara)*
Hübsche blaublühende Pflanze, die gerne im Landröhricht wächst. Triebe werden bis zu 2 m lang.
Blasensegge *(Carex vesicaria)*
Blütenstand mit 2–3 hängenden weiblichen und 1–3 aufrechten männlichen Ähren, Höhe bis 50 cm.
Blaue Sumpfschwertlilie *(Iris versicolor)*
Ähnlich der Gelben Sumpfschwertlilie, Höhe bis 60 cm, Blütezeit Mai – August.
Blutweiderich *(Lythrum salicaria)*
Kräftige dunkelrosa bis violette Blüten, Höhe bis 200 cm, meist aber nur ca. 100 cm. Gedeiht auch noch in einer Wassertiefe von 50 cm. Juni – September.
Bunte Houttuynia *(Houttuynia palustris)*
Sehr schönes rotgrünes Laub, weiße Blüten, frostempfindlich, Höhe 20–50 cm.
Echter Baldrian *(Valeriana officinalis)*
Ausdauernde Sumpfstaude, Höhe bis 150 cm, Blütezeit Juli – August.
Feine Segge *(Carex gracilis)*
Hübsche Sumpfpflanze, Höhe bis 40 cm.
Froschlöffel *(Alisma plantago)*
Diese hübsche heimische Pflanze wird bis 50 cm hoch, mit den Blütenständen bis 1 m, Blütezeit Juni – September, Wasserstand 0–20 cm, sonnig – halbschattig.
Gauklerblume – blau *(Mimulus ringens)*
Höhe bis 60 cm, sonnig – halbschattig, starke Aussamung.
Gauklerblume – gelb *(Mimulus luteus)*
Höhe bis 30 cm, sonnig – halbschattig, teilweise wintergrün.

Pflanzen für den Teich

Gauklerblume – rot *(Mimulus cupreus)*
Höhe bis 20 cm, sonnig – halbschattig, etwas frostempfindlich.
Gelbsegge *(Carex flava)*
An sonnigen Standorten auffällige Gelbfärbung, bis 20 cm hoch.
Gemeiner Beinwell *(Symphytum officinale)*
Blüht gelb und dunkelviolett, kräftige Pflanze für Sonne und Halbschatten, Höhe 100 cm.
Gilbweiderich *(Lysimachia vulgaris)*
Auffällige, gelbblühende Pflanze, Höhe bis 120 cm, verwandt mit Pfennigkraut.
Gnadenkraut *(Gratiola officinalis)*
Zart weißgelb blühende Sumpfpflanze, Höhe bis 30 cm, Blütezeit Juni – Juli.
Japanische Sumpfiris *(Iris kaempferi)*
Blüte weiß, rot, blau oder violett, Höhe bis 80 cm, Blütezeit Mai – Juli.
Kuckuckslichtnelke *(Lychnis flos-cuculi)*
Auffällige Wildblume, Höhe bis 80 cm, liebt mageren Boden.
Lobelie – blau *(Lobelia syphilitica)*
Kräftige blaue Blüten, Höhe bis 50 cm, frostempfindlich.
Lobelie – rot *(Lobelia cardinalis)*
Kräftig rot blühende Pflanze, etwas frostempfindlich, Höhe bis 80 cm, Blütezeit September – Oktober.
Mädesüß *(Filipendula ulmaria)*
Hübsche weiße Trugdolden, Höhe bis 150 cm, sonnig – schattig.
Pfennigkraut *(Lysimachia nummularia)*
Dicht wachsender Bodendecker, goldgelbe Blüten, Höhe 5 cm, sonnig – schattig, Blütezeit Mai – September.
Schachbrettblume *(Fritillaria meleagris)*
Außergewöhnliches Liliengewächs, liebt kalkigen Boden, Blüte im Mai.
Sibirische Iris *(Iris sibirica)*
Schöne blaue Iris, vom Aussterben bedroht, Höhe bis 60 cm, Blütezeit Mai – Juli.
Steife Segge *(Carex elata)*
Kräftige Segge mit einer Höhe bis 100 cm, wuchert stark, nur für große Gewässer.
Sumpfdotterblume *(Caltha palustris)*
Eine der ersten blühenden Pflanzen im Frühjahr, Höhe bis 50 cm, sonnig – schattig.
Sumpfeibisch *(Hibiscus palustris)*
Standort sonnig, Höhe 120–150 cm, prächtige rosa Blüten, Blütezeit August – Oktober.
Sumpffarn *(Thelypteris thelypteroides)*
Höhe bis 60 cm, Standort sonnig – halbschattig.
Sumpfgladiole *(Gladeolus palustris)*
Wunderschöne dunkelrosa bis rote Blüten, sehr seltene Knollenpflanze, Höhe bis 60 cm.
Sumpf-Helmkraut *(Scutellaria galericulata)*
Hübscher Lippenblütler mit blauen Blüten, Höhe bis 40 cm.

Pflanzen für den Teich

Sumpf-Johanniskraut *(Hypericum calycinum)*
Wächst auch auf trockenem Boden, Höhe bis 30 cm, goldgelbe Blüten, sonnig – schattig. Blütezeit Juni – September.

Sumpfprimel *(Primula rosea)*
Blüht gleich nach der Schneeschmelze und manchmal ein zweites Mal im Spätsommer.

Sumpf-Schaumkraut *(Cardamine palustris)*
Höhe bis 50 cm, weiße Blüten, verwandt mit dem Wiesenschaumkraut.

Sumpf-Storchschnabel *(Geranium palustre)*
Zarte Sumpfstaude mit intensiv rotvioletten Blüten, Höhe bis 30 cm, Blütezeit Juni – September.

Sumpf-Wolfsmilch *(Euphorbia palustris)*
Kräftige Sumpfstaude mit gelblichen Blütenständen, Blütezeit Mai – Juni.

Sumpfvergißmeinnicht *(Myosotis palustris)*
Bildet dichte Bestände, Höhe bis 25 cm, halbschattig – schattig.

Trollblume *(Trollius)*
Prachtvoll gelbblühende Pflanze, steht unter Naturschutz.

Ufersegge *(Carex riparia)*
Ausläufer bildende Segge, mit breiten, graugrünen Blättern, Höhe bis 120 cm.

Wasserdost *(Eupatorium cannabium)*
Höhe bis 150 cm, blaßrosa Doldentrauben, Blütezeit Juli – September.

Weidenröschen *(Epilobium hirsutum)*
Siedelt sich oft selbst an und kann sich stark vermehren; tiefrosa Blüten, Juni – September.

Wiesenknöterich *(Polygonum bistorta)*
Rosa blühende Sumpf- und Wiesenpflanze, Höhe bis 30 cm.

Zweizahn *(Bidens tripartita/radiata)*
Als „Hosenbeißer" bekannt, da sich zweizähnige Samen leicht festsetzen. Hübscher, gelb blühender Korbblütler.

Zwergschachtelhalm *(Equisetum variegatum)*
Kleiner Schachtelhalm, der teilweise starkwüchsig ist, Höhe bis 20 cm.

Zwergvergißmeinnicht *(Myosotis rehsteineri)*
Niedriges Vergißmeinnicht mit großen, blitzblauen Blüten, Höhe bis 8 cm.

Moorpflanzen

Der Boden im Moor ist mehr oder weniger sauer und nährstoffarm; viele Pflanzen haben sich diesen Bedingungen angepaßt, auch wenn sie manchmal an anderen Standorten vorkommen.

Amerikanischer Frauenschuh *(Cypripedium reginae)*
Höhe 40–50 cm, sehr schöne weißrosa Blüten.

Der Blutweiderich gedeiht sowohl im Sumpfbereich als auch in einer Wassertiefe von 50 cm

Eine dankbare Pflanze für den Sumpfbereich ist die blaue Lobelie

Die prächtige rote Kardinalslobelie blüht oft noch im Oktober

Der Wasserdost ist mit 100–150 cm Höhe eine der auffälligsten Pflanzen im Sumpfbereich

Pflanzen für den Teich

Blasenbinse *(Scheuchzeria palustris)*
Seltene Moorpflanze mit unterirdischen Ausläufern, Höhe 10–20 cm.
Blutauge *(Comarum palustre; Potentilla palustris)*
Auf nassen und leicht überschwemmten Böden, Stengelhöhe 50–30 cm.
Fettkraut *(Pinguicula vulgaris)*
Aus der bodenständigen Blattrosette wächst der Stengel mit weißer Blüte, Höhe 20 cm.
Fieberklee *(Menyanthes trifoliata)*
Wächst im seichten Wasser und auf feuchtem Untergrund; wunderschöne weißrosa Blüten im Frühjahr.
Geflecktes Knabenkraut *(Dactylorrhica maculata)*
Steht unter Naturschutz, selten gewordene Orchideenart.
Knöterich-Laichkraut *(Potamogeton polygonifolius)*
Ausdauernde Schwimmblattpflanze im flachen Moorgewässer.
Moosbeere *(Vaccinium oxycoccos)*
Sonnentau *(Drosera rotundifolia)*
Insekten fressende Pflanze, Höhe bis 20 cm.
Scheidiges Wollgras *(Eripourum vaginatum)*
Braucht nährstoffarmen, sauren Moorboden, bildet unübersehbare weiße Blüten.
Schlammsegge *(Carex limosa)*
Sehr lange Ausläufer, Höhe 20–30 cm.
Schmalblättriges Wollgras *(Eriphorum angustifolium)*
Verträgt Stellen mit viel Wasser, Höhe ca. 30 cm.
Sumpfkalla *(Calla palustris)*
In der Natur sehr selten geworden; halbschattige Lage, Höhe bis 30 cm.
Tannenwedel *(Hippuris vulgaris)*
Wassernabel *(Hydrocotyle vulgaris)*
Niedrige Sumpfpflanze mit 15–30 cm langen Stengeln und runden Blättern.
Wasserschlauch *(Utricularia vulgaris)*
Tauchpflanze, die kleine Wassertiere fressen kann; blüht fallweise über Wasser, Höhe des Stengels ca. 10 cm.
Weiße Schnabelsimse *(Rhynchospora alba)*
Niedrige Moorpflanze, Höhe 15–30 cm.
Zwerg-Teichrose *(Nuphar pumila)*
Vorwiegend in Moor- und Gebirgsseen, Wassertiefe 50–150 cm.

Pflanzen für die Flachwasserzone

In diesem Bereich, mit einer Wassertiefe von ca. 5–40 cm, gedeihen die meisten Röhrichtpflanzen, aber auch einige Tauchpflanzen und sogar Seerosen. Auch die hier wachsenden Pflanzen vertragen Wasserschwankungen, wie sie in der Natur häufig

Pflanzen für den Teich

sind. Es gibt keine starre Abgrenzung von Sumpf-, Flachwasser- und Tiefwasserzone; die Übergänge sind fließend, manche Pflanzen dringen bis in eine Wassertiefe von 2 m vor, dieselbe Art kann durchaus auch im Sumpfbereich gedeihen.

Blumenbinse *(Butomus umbellatus)*
Hübsche rosa Doldenblüten, blüht nur bis in eine Wassertiefe von 30 cm.

Blutauge *(Comarum palustre)*
Zarte rote Blüten, erdbeerähnliche Blätter, Höhe bis 30 cm, Wassertiefe bis 10 cm.

Gestreiftes Süßgras *(Glyceria max. var.)*
Hübsche weißgrün gestreifte Pflanze, Höhe 50–80 cm, Wassertiefe 5–25 cm.

Hängende Segge *(Carex pendula)*
Wasserstand 5–15 cm, Höhe bis 60 cm, schöne Solitärpflanze.

Hechtkraut *(Pontederia cordata)*
Eine der schönsten Teichpflanzen, herzförmige Blätter und auffällige blaue Blüten. Etwas empfindlich gegen Frost. Wassertiefe 10–40 cm, Höhe 50–80 cm, Blütezeit Juli – September.

Hechtkraut – langblättriges *(Pontederia longifolius)*
Eindrucksvolle großwüchsige Pflanze, blaue Blüte, etwas frostempfindlich. Wassertiefe 20–50 cm, Höhe 100–150 cm, Blütezeit Juli – September (Oktober).

Hechtkraut – weiß *(Pontederia cordata alba)*
Die Zuchtform bleibt etwas kleiner und blüht weiß bis hellblau. Wassertiefe 5–15 cm, Höhe 30–40 cm, Blütezeit Juli – August.

Igelkolben – ästiger *(Sparganium erectum)*
Bis 100 cm lange dreikantige Blätter, bildet 25 mm dicke Fruchtköpfchen. Wassertiefe 0–50 cm, Höhe 50–100 cm, Blütezeit Juni – Juli.

Igelkolben – einfacher *(Sparganium simplex)*
Seltene, kleine Art, Blütenstand traubenförmig, starkwüchsig im nahrhaften Boden. Wassertiefe 0–20 cm, Höhe 40–60 cm, Blütezeit Juli – August.

Iris – gelb *(Iris pseudacorus)*
Schöne Sumpf- und Wasserpflanze mit gelber Blüte, geschützt. Schwertförmige Blätter, bis 100 cm lang. Wassertiefe 0–40 cm, Höhe 60–100 cm, Blütezeit Mai – Juni.

Kalmus *(Acorus calamus)*
Grüne, schwertförmige Pflanze, die der Sumpfschwertlilie ähnlich ist. Höhe bis 100 cm, Wassertiefe 20–50 cm.

Kalmus – gestreift *(Acorus calamus variegatus)*
Sehr schön grünweiß gestreifte, auffällige Pflanze, nicht so wuchsfreudig wie der grüne Verwandte. Höhe bis 80 cm.

Pfeilkraut *(Sagittaria sagittifolia)*
Eine der schönsten Sumpf- und Wasserpflanzen, die pfeilförmige Spreite bildet, nährstoffreiche Knollen. Wassertiefe 0–40 cm, Höhe 30–60 cm. Blüte weiß, Juli – September.

Pfeilkraut – breitblättriges *(Sagittaria latifolia)*
Die schöne Pflanze braucht nährstoffreichen Boden. Wassertiefe 0–30 cm, Höhe 40–80 cm.

98

Pflanzen für den Teich

Pfeilkraut – gefülltes *(Sagittaria „Flore-Plenum")*
Schöne Solitärpflanze, braucht vollsonnigen Standort. Wassertiefe 0–10 cm, Höhe 40–80 cm.

Rohrglanzgras *(Phalaris arundinacea)*
In nährstoffreichem Boden wuchert die schilfähnliche Pflanze, Wassertiefe 0–20 cm, Höhe 150 cm.

Rohrkolben – breitblättrig *(Typha latifolia)*
Weibliche Pflanze bildet den typischen Kolben aus, Höhe bis 200 cm, Wassertiefe 20–80 cm.

Rohrkolben – halbzwerg *(Typha gracilis)*
Schmale bis 80 cm lange Blätter, Fruchtkolben 15 mm dick und hellbraun. Für kleine Anlagen geeignet. Wassertiefe 10–20 cm, Höhe 80–100 cm, Blütezeit Juni – Juli.

Rohrkolben – schmalblättrig *(Typha angustifolia)*
Bildet dichte hohe Bestände im nährstoffreichen Boden, für große Anlagen geeignet. Blütenkolben braun bis 40 cm lang, schmale, lange Blätter. Wassertiefe 10–100 cm, Höhe 150–300 cm, Blütezeit Juli – August.

Schilf *(Phragmites australis)*
Starkwüchsige Röhrichtpflanze, Ausläufer werden bis 10 m lang, nur für große Gewässer geeignet, Repositionspflanze für Pflanzenkläranlagen. Wassertiefe 0–80 cm, Höhe 200–400 cm.

Schwanenblume *(Butomus umbellatus)*
Doldenförmiger Blütenstand mit herrlichen rosa Blüten, Höhe bis 120 cm, Wassertiefe 5–25 cm.

Seesimse *(Schoenoplectus lacustris)*
Hochwüchsige Röhrichtpflanze, Höhe bis 300 cm, Wassertiefe 30–100 cm.

Sumpfbinse *(Eleocharis palustris)*
Stark wuchernde Binse, Höhe 20–50 cm, Wassertiefe 10–20 cm.

Sumpf-Schachtelhalm *(Equisetum palustris)*
Giftige Sumpfpflanze, die auch ins Wasser eindringt, starke Vermehrung, Höhe bis 50 cm.

Tannenwedel *(Hippuris vulgaris)*
Hübsche Sumpf- und Wasserpflanze, gedeiht bis in eine Tiefe von 1 m, bildet über Wasser ca. 10–20 cm hohe Sprosse, liebt kühles, kalkhaltiges Wasser.

Wasserampfer *(Rumex hydrolapatum)*
Solitärpflanze mit sehr großen Blättern. Wassertiefe 0–20 cm, Höhe 100–200 cm.

Wasser-Schwaden *(Glyceria maxima)*
Üppig wachsendes Gras, Höhe 80–120 cm, Wassertiefe 10–20 cm.

Zebrabinse *(Scirpus tab. zebrinus)*
Hübsche, weißgrüne Binse, etwas frostempfindlich. Wassertiefe 10–30 cm, Höhe 100–150 cm.

Zungen-Hahnenfuß *(Ranunculus lingua)*
Seltene und geschützte Pflanze mit gelben Blüten, vermehrt sich durch Seitensprosse. Bildet eindrucksvolle dichte Bestände. Wassertiefc 0–40 cm, Höhe 40–80 cm, Blütezeit Juni – Juli.

Eine der schönsten Pflanzen ist das blau blühende Hechtkraut

Eine der bekanntesten Teichpflanzen ist der Breitblättrige Rohrkolben

Der Grazile Rohrkolben ist auch für kleine Teiche gut geeignet

Ein herrlicher „Seerosenteppich"

Zwerg-Rohrkolben *(Typha minima)*
Kleinste Art, Stengel ist nicht beblättert, Kolben bis 8 cm lang. Für kleinste Anlagen geeignet, vollsonniger Standort. Wassertiefe 10–30 cm, Höhe 30–60 cm.
Zypergras-Segge *(Carex pseudocyperus)*
Ähnlich wie Hängende Segge, Wasserstand 5 cm, Höhe bis 50 cm.
Zypergras *(Cyperus longus)*
Höhe bis 100 cm, Stengel dreikantig, Wassertiefe 5–25 cm.

Pflanzen für den Tiefbereich

Unterwasserpflanzen

Diese erfüllen eine äußerst wichtige Funktion im Teich, da sie einerseits mit ihren Blättern Nährstoffe direkt aus dem Wasser entziehen (und damit eine Konkurrenz zu Algen darstellen), andererseits den für alle Lebewesen wichtigen Sauerstoff produzieren. Die einzelnen Arten stellen unterschiedliche Ansprüche an das Wasser, es sollten daher mindestens 5–8 verschiedene Sorten gesetzt werden, da die eine oder andere womöglich ausfallen wird. Tauchpflanzen sind lose im Bund oder in Töpfen erhältlich.

Ähriges Tausendblatt *(Myriophyllum spicatum)*
Ausdauernde untergetauchte Wasserpflanze, Wassertiefe bis 500 cm.
Armleuchteralge *(Chara hispida)*
Robuster, 40–50 cm hohe Chara-Art; liebt klares, kalkreiches Wasser.
Durchwachsendes Laichkraut *(Potamogeton perfoliatus)*
Wasserpflanze mit kriechendem Wurzelstock, bis zu 5 m langen Stengeln, die Blätter sind 5–10 cm lang; liebt nährstoffreiches Wasser, zwischen 50 und 500 cm tief.
Flutender Hahnenfuß *(Ranunculus fluitans)*
Hellgrüne Wasserpflanze mit bis zu 6 m langen Stengeln; liebt sauerstoff- und nährstoffreiches Wasser, weiße Blüten.
Glänzendes Laichkraut *(Potamogeton lucens)*
Eine der schönsten Wasserpflanzen überhaupt, mit bis zu 5 m langen, ästig verzweigten Stengeln und 10–25 cm langen Blättern. Die Pflanze liebt kalkreiches, klares Wasser.
Haarblättriger Wasserhahnenfuß *(Ranunculus trichophyllus)*
Hübsche, weiß blühende Tauchpflanze, in warmen, kalkreichen Gewässern.
Harte Armleuchteralge *(Chara aspera)*
Mittelgroße Art, mit bis zu 50 cm langen Sprossen.
Hornkraut *(Ceratophyllum demersum)*
Frei schwimmende oder mit Blättern im Boden verankerte, wurzellose Wasserpflanze; liebt warme, nährstoffreiche Gewässer.

Pflanzen für den Teich

Kaltwasserfeder *(Hottonia palustris)*
Hellgrüne, schöne Tauchpflanze, deren Blütenstand 10 cm über den Wasserspiegel reicht, sehr schöne, hellrosa Blüten im Frühjahr; liebt kühles, klares, kalkhaltiges Wasser.

Kanadische Wasserpest *(Elodea canadensis)*
Häufig verbreitete Tauchpflanze, mit 20–60 cm langen, dichtbeblätterten Sprossen.

Krauses Laichkraut *(Potamogeton crispus)*
Hübsche Wasserpflanze mit dünnem Wurzelstock, Stengel bis 200 cm lang. Die Blätter sind lanzettförmig und gekraust; liebt ausgesprochen nährstoffreiches Wasser.

Nixkraut *(Najas minor)*
Zarte Tauchpflanze mit 1–2 cm langen Blättern; liebt nährstoff- und kalkreiches Wasser.

Quirliges Tausendblatt *(Myriophyllum verticillatum)*
Untergetauchte Wasserpflanze, mit bis zu 200 cm langen Sprossen, grünliche Blüten.

Wasserhahnenfuß *(Ranunculus aquatilis)*
Weiß blühende Art, die auch Schwimmblätter ausbildet; liebt flache, nährstoffreiche Gewässer.

Wasserstern *(Callitriche palustris)*
Wintergrüne, hübsche Tauchpflanze, die auch Schwimmblätter ausbildet.

Schwimmblatt- und Schwimmpflanzen

Diese Pflanzen sind zum Teil auffällig in Blatt und Blüte, zudem wertvolle „Abschatter" für allzu sonnig gelegene Teiche.

Dreifurchige Wasserlinse *(Lemna trisulca)*
Kleine untergetaucht lebende Wasserpflanze.

Froschbiß *(Hydrocharis morsus-ranae)*
Schwimmt entweder frei an der Wasseroberfläche oder wurzelt an seichten Stellen. Kleine, weiße Blüten im Juni – August.

Gewöhnlicher Wasserschlauch *(Utricularia vulgaris)*
Frei im Wasser schwimmende, carnivore Pflanze, die Zooplankton und Mückenlarven fängt, gelbe Blüten.

Gras-Laichkraut *(Potamogeton gramineus)*
Schwimmblattpflanze mit bis zu 100 cm langen Sprossen; liebt klares Wasser.

Knöterich-Laichkraut *(Potamogeton polygonifolius)*
Liebt mäßig saures, nährstoffarmes Wasser.

Krebsschere *(Stratiotes aloides)*
Schwimmende oder untergetaucht wachsende Pflanze mit großen, trichterförmigen Blattrosetten. Blüht weiß und überwintert am Gewässergrund.

Seekanne *(Nymphoides peltata)*
Schwimmblattpflanze mit kriechendem Wurzelstock, gelbe Blüten.

Pflanzen für den Teich

Teichlinse *(Spirodela polyrhiza)*
Größte heimische Wasserlinse.
Wasserknöterich *(Polygonum amphibium)*
Rosa blühende Schwimmblattpflanze mit lanzettförmigen Blättern.
Wassernuß *(Trapa natans)*
Rosettenförmige Blätter, oft rötlich, liebt nährstoffreiche, warme Gewässer – einjährig.

Seerosen

Erst die Pflanzen machen einen Teich zu einem Stück Natur; sie sind nicht nur für die Funktion des Teiches wichtig, sondern auch als Versteck für Tiere, und nicht zuletzt sollen sie dem Betrachter Freude bereiten. Zu den schönsten und eindrucksvollsten Pflanzen zählen zweifellos die Seerosen.

Alle Seerosen lieben die Sonne, zumindest sechs Stunden am Tag sollte der Teich besonnt sein, damit sich das Wasser erwärmt. Weitere wichtige Faktoren sind auch die Wasserbeschaffenheit, die Wassertiefe und die Bodenverhältnisse. Die meisten Seerosen lieben nährstoffreichen Untergrund; lediglich die heimischen Sorten vertragen auch einen mageren Boden.

Im Frühjahr beginnt die Vegetationszeit der Seerosen, zuerst treiben die Blätter an die Oberfläche, mit steigenden Temperaturen auch die Blüten. Im Sommer schließlich ist die Hauptblütezeit, mit fallenden Temperaturen nehmen die Blüten im Herbst merklich ab.

Es gibt Zwergseerosen für Miniteiche, die eine Wassertiefe von 15–45 cm brauchen, viele Sorten gedeihen im Flachwasserbereich in einer Tiefe von 45–75 cm. Manche Sorten benötigen jedoch eine Tiefe von 75–150 cm. Als Wasserstand gilt der Abstand vom Bodengrund bis zum Wasserspiegel.

Heimische Sorten
Es ist sehr verdienstvoll, wenn sich Gartenbesitzer der heimischen Sorten annehmen, die sehr selten geworden und im Handel kaum erhältlich sind. Sehr robust, winterhart und wuchsfreudig, sind sie eine Besonderheit im Teich.

Die Weiße Seerose *(Nymphaea alba)* kommt in manchen Seen und großen Teichen in beachtlicher Anzahl vor. Sie ist absolut winterhart und vermehrt sich auch durch Samen. Sie entwickelt viele Blätter, die Blüten sind nicht so auffällig wie bei Züchtungen.

Die selten gewordene Glänzende Seerose *(Nyphaea candida)* ist gut für Teiche geeignet; die Vermehrung findet auch über Samen statt. In letzter Zeit gibt es Wiedereinbürgerungsprojekte, da sie in der Natur am Aussterben ist.

Die Weiße Zwergseerose *(Nymphaea alba var. minor)* ist die kleinste heimische Seerose und hat einen Blütendurchmesser von 4–6 cm. Sie schätzt eine Wassertiefe von 50 cm, verträgt vorübergehend auch seichteres Wasser.

Die Blüten der Nymphaea Attraction werden bis zu 15 cm groß

Wegen ihrer intensiven roten Blüten ist die Nymphaea Escarboucle sehr beliebt

Äußerst geschätzt und daher häufig ist die Nymphaea Merliacea rosea

Prächtige schneeweiße große Blüten hat die Nymphaea „Gladstonia"

Das Brasilianische Tausendblatt überwintert gut in einer Tiefe von ca. 50 cm

Hellgelb blühende Seerose

Pflanzen für den Teich

Winterharte Sorten von Nymphaea

Das Nymphaeen-Sortiment umfaßt nach dem Seerosenfachmann Karl Wachter über hundert Sorten, jährlich kommen neue dazu.

Atropurpurea
Auffällige dunkelrote Blüten, Blätter rötlich und gefleckt, ∅ der Blätter 18–24 cm, Wassertiefe 30–50 cm.

Attraction
Wunderschöne, sehr wüchsige Seerose mit roter Blüte und grünen Blättern, Wassertiefe 50–100 cm.

Aurora
Hellorange bis dunkelorange Blüte, ∅ der Blüte ca. 12 cm, Blätter sind bräunlich, Wassertiefe 30–40 cm.

Charles de Meurville
Auffällige dunkelrote, große Blüten, ∅ der Blüte ca. 18 cm, stark verbreitet, Wassertiefe 60–100 cm.

Conqueror
Dunkelrote Blüte mit einem ∅ von 20 cm, Wassertiefe 40–80 cm.

Escarboucle
Sehr schöne purpurrote Blüte mit einem ∅ von 16 cm, Wassertiefe 50–90 cm.

Gladstoniana
Prächtige weiße Blüte, ∅ 18 cm, stark verbreitete Sorte, Wassertiefe 50–90 cm.

Mme. Wilfron Gonnéré
Schöne rosa Blüte, ∅ 16 cm, grüne Blätter, Wassertiefe 40–60 cm.

Marliacea Albida
Reinweiße Blüte, robuste, stark verbreitete Sorte, ∅ 15 cm, Wassertiefe 50–80 cm.

Marliacea rosea
Zartrosa Blüten bis 16 ∅, sehr robuster und zuverlässiger Dauerblüher, Wassertiefe 50–80 cm.

N. odorata „Rosennymphe"
Sternförmige hellrosa Blüten, die manchmal etwas herauswachsen, Wassertiefe 30–70 cm.

N. odorata Sulphurea
Schwefelgelbe Blüten, die bis zu 20 cm aus dem Wasser herausstehen, Wassertiefe 60–110 cm.

N. odorata W. B. Shaw
Zartrosa, becherförmige Blüten, die duften, Wassertiefe 30–50 cm.

Renè Gerard
Reichblütige, gutwüchsige Sorte mit roten Blüten, die nach außen hin heller werden, Wassertiefe 50–90 cm.

Rose Arey
Auffällige, lange und spitze Blütenblätter in einheitlichem Lachsrosa. Wassertiefe 40–80 cm.

105

Pflanzen für den Teich

Sioux
Kupferfarbene, später rötliche Blüten, ∅ 10–15 cm, liebt warmen Standort. Wassertiefe 30–50 cm.

N. tuberosa Pöstlingberg
Formschöne, große reinweiße Blüten. Erstzüchtung ca. 1920 am Linzer Pöstlingberg. Wassertiefe 80–120 cm.

William Falkoner
Rubinrote, gefüllte Blüten, ∅ 15 cm, Wassertiefe 40–80 cm.

Zwergseerosen und kleine Sorten von „Nymphaea"

Chrysantha
Aprikosenfarbene bis rötliche Blüten, ∅ 6–8 cm, die Blätter sind stark gefleckt und anfangs rötlich, Wassertiefe 20–35 cm.

Froebeli *(Zwergseerose rot)*
Sehr schöne dunkle, karminrote Blüten, die sich nie ganz öffnen (abends meist bis 19.00 Uhr), blüht auch bei kühler Witterung zuverläßlich. Für Gefäße gut geeignet, Wassertiefe 20–40 cm.

James Brydon
Kompakte, kirschrote Blüten, die verläßlich aufgehen. Anpassungsfähige und gut wüchsige kleinere Sorte, für Gefäße gut geeignet. Wassertiefe 30–50 cm, Blütezeit Juli – September.

Laydekeri Purpurata
Sehr schöne Zwergseerose mit gefleckten Blättern und karminroten Blüten, die nach außen heller werden. Gut für Gefäße geeignet. Wassertiefe 20–40 cm, Blütezeit Juli – September.

Helvola
Eine hübsche kleine Seerose mit gelben, sternförmigen Blüten, die auch gut für Gefäße geeignet ist, etwas frostempfindlich. Wassertiefe 20–30 cm, Blütezeit Juni – September.

Tetragona *(Weiße Zwergseerose)*
Kleinste Sorte, die es gibt, bildet kaum Rhizome – daher ist ihre Vermehrung nur durch Samen möglich. Sehr gut für Schalen geeignet. Wassertiefe 15–30 cm, Blütezeit Juni – September.

Tropische und subtropische Wasserpflanzen

Zu den schönsten Gewächsen im Wassergarten gehören die tropischen Seerosen und Lotosblumen. Leider sind diese herrlichen, farbenfrohen Pflanzen kaum bei uns zu überwintern, von wenigen Ausnahmen abgesehen. Aber vielleicht ist die folgende Betrachtungsweise hilfreich: Man kauft sie wie einen Blumenstrauß, der nach einiger Zeit abstirbt – immerhin dauert die Freude an einer tropischen Seerose ja einige Monate…

Pflanzen für den Teich

Tropische Seerosen und Lotos erhalten Sie in guten Wasserpflanzengärtnereien, wo Sie auch fachkundig beraten werden.

Sumpfpflanzen – Schwimmpflanzen – Tauchpflanzen

Viele Wasserpflanzen aus subtropischen Gebieten sind bereits seit längerer Zeit in Europa eingebürgert (Hechtkraut, Molchschwanz, Eidechsenschwanz etc.), so daß sie in der Folge nicht angeführt werden.

Einige der genannten Arten sind durchaus in unseren Breiten im Freien zu überwintern, wenn sie in tiefe Zonen versenkt werden.

Brasilianisches Tausendblatt *(Myriophyllum brasiliensis)*
Hübsche Unterwasserpflanze, die an der Wasseroberfläche Ausläufer bildet, überwintert gut in einer Tiefe von 50 cm.
Goldkeule *(Orontium aquaticum)*
Die goldgelben, länglichen Blütenstände ragen bis zu 25 cm über die Wasseroberfläche, wird die Pflanze in eine Tiefe von über 40 cm gesetzt, kann sie im Freien überwintern, Blütezeit Mai – Juni.
Papyrus *(Cyperus haspan)*
Sumpfpflanze für Teich und Gefäße, Wassertiefe 20–30 cm, Höhe 150 cm.
Wasserähre *(Aponogeton distachyos)*
Blüht im Frühjahr und nach einer Sommerpause im Herbst meist noch einmal. Überwinterung in einer Tiefe von 50–60 cm ist möglich.
Wasserhyazinthe *(Eichhornia crassipes)*
Wunderschöne, großblättrige Schwimmpflanze, mit auffälliger blauer Blüte. Überwinterung an einem kühlen, hellen Ort in feuchtem Substrat ist möglich.
Wassermohn *(Hydrocleys nymphoides)*
Hübsche gelbblühende Schwimmblattpflanze, nicht winterhart.
Wassersalat *(Pistia stratiotes)*
Schwimmpflanze für Gefäße und Teich, vermehrt sich stark.

Krankheiten und Schädlinge

Seerosen, Sumpf- und Wasserpflanzen leiden weniger unter Schädlingen und Krankheiten, wenn sie kräftig entwickelt und gesund sind. Bei manchen Pflanzen spielt ein nährstoffreiches Substrat eine wichtige Rolle (Seerosen, Hechtkraut, Bachbunge, Blumenbinse), es muß daher von Zeit zu Zeit nachgedüngt werden, wenn sich die Pflanzen gut entwickeln sollen.

Der Einsatz von chemischen Mitteln gegen Schädlinge und Krankheiten ist nicht zielführend, da sämtliche Lebewesen im Wasser darunter leiden würden. Gegen die meisten Schädlinge können jedoch Maßnahmen ergriffen werden, die andere Lebewesen im Teich nicht schädigen.

107

Pflanzen für den Teich

Krankheiten

Kronenfäule der Seerose
Diese verbreitete Krankheit bei Seerosen dürfte von einem Pilz hervorgerufen werden. Das Rhizom verfärbt sich dunkelblau und stinkt, die Blätter werden gelb. Besonders gefährdet sind Sorten wie Attraction, Sioux, Helvola – mitunter werden ganze Bestände vernichtet. Teilt man Seerosenrhizome, sollte zur Desinfektion Holzkohlenstaub auf die Schnittstelle aufgebracht werden. Eine weitere Vorbeugung gegen die Krankheit besteht darin, nur rein mineralische Substrate ohne Zugabe organischer Dünger (wie z.B. Hornspäne) zu verwenden.

Froschlöffel-Brand
Im Sommer sind häufig dunkle Punkte auf den Blättern des Froschlöffels zu sehen, die sich rasch ausbreiten, schließlich stirbt das Blatt ab. Urheber ist ein Brandpilz, der vor allem durch Nährstoffmangel geschwächte Pflanzen, die in der prallen Sonne stehen, befällt.

Rostpilz
Gelegentlich kommt es im Sommer bei *Iris, Carex pseudocyperus* und *Calmus* zu einem Rostpilzbefall. Es treten längliche, rotbraune Pusteln auf, die Blätter werden gelb. Auch hier ist oft ein Nährstoffmangel die Ursache. Die Blätter sollen im Herbst abgeschnitten und verbrannt werden, damit die Sporen nicht bis zur nächsten Saison überleben.

Schädlinge

Blattläuse *(Rhopalosipha)*
Die Seerosen-Blattläuse treten im Sommer oft massenhaft im Wassergarten auf, hauptsächlich sind Seerosen davon befallen, aber auch Seekanne, Froschlöffel, Rohrkolben, Pfeilkraut und Blumenbinse.

Die beste Methode der Bekämpfung besteht darin, die Kolonien händisch zu zerdrücken und abzuspülen.

Bei größeren Anlagen und Wasserflächen wäre das ein zu großer Arbeitsaufwand. Hier sollten die Tiere mit einem scharfen Wasserstrahl abgespült werden. Sie schwimmen dann an der Wasseroberfläche und können mit einem feinen Kescher abgefischt und vernichtet werden.

Mit etwas Vorsicht können auch Kaliseifen auf die befallenen Pflanzenstellen versprüht werden (z.B. „Neudosan"), davon sollte allerdings so wenig wie möglich ins Wasser gelangen.

Seerosen-Blattkäfer *(Galerucella nymphaeae)*
Die Larven dieses Käfers sehen aus wie Marienkäferlarven und fressen typische gewundene Fraßgänge auf den Seerosenblättern. Die beste Methode der Bekämpfung ist das Zerdrücken der 5–6 mm großen Tiere.

Pflanzen für den Teich

Seerosenzünsler *(Nymphula nymphaeata)*
Dieser kleine weiße Schmetterling legt seine Eier auf Seerosenblätter und andere Pflanzen, ab Mai und im ganzen Sommer ist mit einem Befall zu rechnen. Seine Raupen schneiden ovale Stücke von der Wirtspflanze, spinnen sich darin ein und treiben in dem entstandenem Boot an der Wasseroberfläche herum und fressen andere Pflanzen an. Sie verpuppen sich auch darin und haften dann an der Unterseite von Seerosenblättern, bis der Schmetterling schlüpft. Wenn die ersten Symptome an den Seerosenblättern sichtbar sind, sollte mit dem Einsammeln und der Vernichtung der Raupen begonnen werden, dabei sollte auch an der Unterseite von Seerosenblättern gesucht werden.

Bei größeren Seerosenbeständen kann *Bacillus thuringiensis* auf die Blätter gesprüht werden, zweimal im Abstand von vierzehn Tagen. Er ist für andere Wasserbewohner ungefährlich und unter den Präparatnamen „Dipel" oder „Neudorff-Raupenspritzmittel" erhältlich.

Wer sich näher mit Seerosen beschäftigen möchte, dem seien die Bücher des großartigen Seerosenexperten Karl Wachter empfohlen, der wesentlich dazu beigetragen hat, daß Seerosen richtig bestimmt, benannt und gepflegt werden können. In seiner einzigartigen Anlage in Walderbach/Bayern züchtet er seit vielen Jahren Seerosen sortenrein.

109

TIERE IM UND AM TEICH

Wenn Sie sich für einen Teich entschieden haben, wissen Sie, daß auch viele Tiere diesen aufsuchen werden – sei es, um zu trinken oder überhaupt darin zu wohnen. Die meisten Teichbesitzer erleben es als Bereicherung, wenn Libellen, Rückenschwimmer und Molche beobachtet werden können. Manche Menschen haben freilich Angst, z.B. beim Schwimmen in einem Badeteich einer Kröte oder gar einer Schlange zu begegnen. Wie bereits erwähnt, sind solche Befürchtungen völlig unbegründet. Die meisten Tiere meiden instinktiv das freie Wasser, da dort der Hecht in der Tiefe lauern könnte – sie halten sich daher hauptsächlich im bepflanzten Regenerationsbereich auf. Die einzige Schlange, die in unseren Breiten das Wasser aufsucht, ist die ungiftige Ringelnatter, die nur dann zuwandert, wenn es in der Nähe natürliche Gewässer gibt.

Mückenplage und Froschkonzert?

Bei jedem unserer Vorträge taucht unweigerlich die Frage auf, wie denn das mit der Mückenplage sei. Die Antwort ist kurz und einfach: Weder in einem Biotop noch in einem Teich oder Schwimmteich können sich Mückenlarven entwickeln, da sie zu viele Freßfeinde haben. In jedem Plastikkübel, der halbvoll mit Wasser irgendwo unter einem Busch vergessen wurde, können sich tausende Mückenlarven entwickeln, da diese abgestandenes, fauliges Wasser bevorzugen. Darin halten sich nämlich kaum Feinde auf. In einem funktionierenden Teich gibt es neben 30–40 Freßfeinden manchmal auch noch eine Pflanze (*Utricularia,* Wasserschlauch), die jeweils bis zu 500 kleine Kapseln besitzt, mit denen sie die frischgeschlüpften Mückenlarven fängt und verdaut. Also keine Angst vor einer Gelsen- oder Stechmückeninvasion!

Mikroorganismen und Zooplankton

Beginnen wir mit den winzigen Lebewesen in unserem Teich, jenen, die wir mit dem freien Auge kaum sehen können. Es handelt sich um das **Zooplankton.** Diese mikroskopisch kleinen Krebse ernähren sich hauptsächlich vom sogenannten **Phytoplankton,** das sind jene winzigen Algen, die wir mit unserem Auge zwar nicht einzeln wahrnehmen können, die aber dafür verantwortlich sind, wenn wir in unserem Teich nichts mehr sehen als eine grüne Suppe. Diese kleinen Krebschen sind also mitverantwortlich, daß das Gewässer auch im Sommer klar bleibt. Man nennt sie **Wasserflöhe** und **Hüpferlinge;** sie bewegen sich ruckartig mit kleinen Sprüngen im Wasser fort. Wasserflöhe können übrigens sogenannte Dauereier ausbilden, die längere Trockenperioden und sogar Frost unbeschadet überstehen. Einige Arten dieser Klein- bzw. Planktonkrebse ernähren sich auch räuberisch von anderen Planktonkrebschen. Ab dem Frühjahr lohnt es sich praktisch immer, aus dem Gartenteich ein Glas Wasser zu schöpfen und die winzigen Krebstierchen darin zu beobachten. Oft genügt ein Wassertropfen aus dem Teich und ein Mikroskop, um in eine bisher unbekannte Wunderwelt einzutauchen. Zur genauen Bestimmung der einzelnen Planktonkrebse sollten Sie sich weiterführende Literatur besorgen.

Aber nicht alle krebsartigen Tiere in unserem Teich sind mikroskopisch klein. **Bachflohkrebse** etwa lassen sich sehr gut mit freiem Auge beobachten, sie schwimmen bevorzugt in Seitenlage und ernähren sich von abgestorbenen Pflanzenteilen, wie z.B. Laub. Von den einzelnen Blättern bleibt dann oft nur das Gerippe übrig.

Ähnlich wie die Bachflohkrebse sehen die **Wasserasseln** aus; sie bewegen sich aber langsamer und nicht seitlich, sondern normal am Gewässergrund fort. Wasserasseln vertragen auch deutlich schlechtere Lebensbedingungen (wenig Sauerstoff und sehr warmes Wasser) als der Bachflohkrebs.

Auch **Muschelkrebse** finden sich in unserem Teich, sie sind aber kaum über 2 mm groß und leicht mit kleinen Muscheln zu verwechseln. Sie ernähren sich von abgestorbenen Pflanzenteilen am Gewässergrund. Mit geschlossenen Schalen können sie sehr lange Frost- bzw. Trockenperioden überstehen.

Insekten

Einen sehr großen Anteil am Leben im Teich nehmen die verschiedenen **Mückenarten** bzw. deren Larven ein. Die meisten der für uns sichtbaren Mücken sind entweder **Zuckmücken-** oder **Büschelmückenarten.** Die Larven der ersteren leben teilweise eingegraben im Gewässergrund und weisen je nach Art die verschiedensten Färbungen auf: von blutrot bis zu giftgrün. Die Zuckmücken selbst vollführen oft direkt über dem Wasser ihre rasenden Tänze.

Die Büschelmücken ähneln den Zuckmücken zum Verwechseln, ihre Larven allerdings unterscheiden sich deutlich von der vorgenannten Art. Sie sind es wert, sie einmal genauer zu betrachten. Fangen kann man sie allerdings nur mit einem feinen Teichnetz, denn sie sind fast unsichtbar. Nur zwei runde Gasblasen im Kopf- bzw. Schwanzbereich und der Verdauungstrakt sind auf den ersten Blick (im Wasserglas) erkennbar. Bei genauerem Hinsehen läßt sich auch der Schwanzfächer erkennen, mit dem sich die Büschelmückenlarve fortbewegt. Im Kopfbereich befinden sich die Fangvorrichtung und die Augen. Die Büschelmückenlarve ernährt sich räuberisch, wobei sie in waagrechter Stellung auf ihre Beute lauert.

Auch die Larven von **Eintags-** und **Köcherfliegen** nehmen unseren Gartenteich gerne als Lebensraum an. Besonders interessant zu beobachten sind die Larven der letzteren. Wie schon der Name sagt, bauen sich diese Insektenlarven zum Schutz vor Freßfeinden einen Köcher aus den verschiedensten Materialien. Diese kleinen Häuschen werden je nach Standort des Gewässers und der dort vorkommenden „Baumaterialien" aus Fichtennadeln, kleinen Holzstückchen, leeren Schneckenhäusern, Sandkörnchen, kleinen Kieselsteinen, Pflanzenteilen oder Schilfstückchen gebaut. Auf den ersten Blick erkennt man die Köcherfliegenlarven kaum; erst beim genaueren Hinsehen lassen sich diese kleinen Eigenheimbauer im Teich entdecken.

Die Eintagsfliegen und deren Larven halten sich zwar eher an Bächen und Flüssen auf; einige Arten kommen jedoch auch in Kleingewässern vor. Die Larven führen oft ein verborgenes Leben; Sie werden sie im Normalfall nicht sehr oft zu Gesicht bekommen. Die fertigen Insekten *(Imagos)* hingegen sind recht augenfällig. Die Eintagsfliegen

durchlaufen mehrere Larvenstadien wobei sie sich mehrmals häuten und schließlich als flugfähiges Insekt direkt an der Wasseroberfläche aus der letzten Larvenhaut schlüpfen. Anschließend häuten sich die Eintagsfliegen ein letztes Mal und sterben schließlich als geschlechtsreifes Insekt nach einem eindrucksvollen Hochzeitsflug und der anschließenden Paarung und Eiablage. Das Leben dieser schönen und interessanten Insekten endet schon nach wenigen Tagen, oft sogar nach nur einigen Stunden.

Schon deutlich größer sind die verschiedenen **Libellenarten,** die ebenfalls einen beträchtlichen Teil ihres Lebens als Larven in unserem Teich verbringen. Unterteilt werden sie in Groß- bzw. Kleinlibellenarten. Ihre Larven unterscheidet man am einfachsten daran, daß die der ersteren am Körperende fünf Dornen besitzen, die der Kleinlibellen drei Ruderblättchen, mit denen sie sich schwimmend fortbewegen können. Die Großlibellenlarven können sich durch das ruckweise Ausstoßen ihres Atemwassers wie eine Rakete vorwärts katapultieren. Ihre Beute besteht aus Kleinlebewesen, wie Planktonkrebschen, kleinen Insektenlarven, aber auch Frosch- und Molchlarven sowie kleinen Fischen. Die Beutetiere werden mit der für alle Libellenlarven charakteristischen Fangmaske gefangen. Mit etwas Geduld können sie eine Libellenlarve bei diesem blitzschnellen Vorgang beobachten.

Erheblich einfacher als ihre Larven sind die Libellen selbst zu beobachten. Dies beginnt schon beim Schlupfvorgang: Dazu klettern die Larven meist auf aus dem Wasser ragende Pflanzen. Dort sprengt die Libelle die Larvenhülle und zwängt sich aus dem engen Panzer, um ihre Flügel, die wie bei einem Schmetterling noch als unförmige Lappen herunterhängen, mit ihrem leuchtend grünen Blut aufzupumpen. Sind die Flügel erst richtig ausgehärtet, können wir die verschiedenen Libellenarten bei ihren akrobatischen Flugübungen beobachten. Vor allem die Großlibellenarten erinnern stark an kleine Kampfhubschrauber, und tatsächlich schlagen sie ihre Beute (kleine fliegende Insekten) in rasendem Flug. Die Libellen zählen wohl zu den attraktivsten Beobachtungsobjekten rund um unseren Teich; sie schillern je nach Art in den prächtigsten Farben und sorgen ganz nebenbei dafür, daß andere Insekten nicht zu zahlreich werden.

Sehr bald finden sich auch die verschiedensten **Wasserkäferarten** an unserem Teich ein. Da sie flugfähig sind, haben sie mit kurzfristigen Standortwechseln keine Probleme. Der auffälligste unter diesen Käferarten ist wohl der **Gelbrandkäfer.** Dieser schöne grünschillernde Käfer, das Weibchen hat einen gestreiften, das Männchen einen gleichmäßig dunkelbraun-grünlich schimmernden Rückenpanzer, fliegt meist schon nach relativ kurzer Zeit bei Nacht an neu errichtete Teiche. Die Käfer kommen zum Luftholen an die Wasseroberfläche. Am Ende des Hinterleibes befindet sich unter dem Rückenpanzer ein Luftvorrat, der den Käfer zu längeren Tauchgängen befähigt. Der Gelbrandkäfer ernährt sich räuberisch. Aus den Eigelegen, die die Schwimmkäfer je nach Art an Pflanzen im Wasser oder aber auch an Land ablegen, schlüpfen schon bald sehr gefräßige Larven. Ein echter Killer ist die Larve des Gelbrandkäfers, die in fangbereiter Stellung auf ihre Beute lauert. Kaum ein Beutetier, das sie mit ihren großen Greifzangen einmal gefaßt hat, entkommt ihr wieder. Durch Mandibelkanäle in ihren Greifzangen injiziert sie ihren Opfern ein lähmendes Sekret, das

113

Tiere im und am Teich

die Beutetiere innerhalb kürzester Zeit bewegungsunfähig macht und sie schließlich tötet.

Als Beutetiere der Gelbrandkäferlarve kommen in erster Linie die Larven der Frosch- bzw. Schwanzlurche in Betracht. Aber auch kleine Fische und die eigenen Artgenossen werden angefallen und ausgesaugt. Die Larven werden bis zu 8 cm groß, ihr Biß ist für den Menschen schmerzhaft, aber unwahrscheinlich. Kommen sie in zu großer Dichte vor, wirkt sich dies auf die ohnehin bedrohten Frosch- und Molcharten meist sehr negativ aus. Ein wohldosierter Eingriff durch den Menschen kann hier Abhilfe schaffen.

Neben dem Gelbrandkäfer kommen noch zahlreiche andere Schwimmkäferarten, wie der **Gaukler** oder **Furchenschwimmer** vor. Interessant zu beobachten sind auch die **Taumelwasserkäfer,** die in schnellen kreisenden Bewegungen an der Wasseroberfläche schwimmen und dabei nach eventuell ins Wasser gestürzten Insekten suchen, die ihre Nahrung bilden.

Auch die flinken **Wasserläufer** sind ständig auf der Suche nach kleinen Beutetieren, die im Oberflächenfilm unseres Teiches treiben. Die Oberflächenspannung des Wassers ermöglicht es ihnen, mit ihren vier spinnenartigen Beinen blitzschnell zu laufen, ohne dabei im Wasser zu versinken. Die Wasserläufer gehören ebenfalls zu jenen Insektenarten, die ziemlich rasch an neuangelegten Teichen auftauchen, da sie gute Flieger sind und so aus benachbarten Gewässern zuwandern können.

Der **Rückenschwimmer** kommt nur zum Luftholen an die Wasseroberfläche; seine Beutetiere fängt er unter Wasser. Er bewegt sich mittels seiner kräftigen Ruderbeine rasch und geschickt fort. Seinen Luftvorrat speichert er in seinen feinen Haaren an der Bauchseite. Zu seinen Beutetieren gehören kleinere Insektenlarven, aber auch Frosch- und Molchlarven. Der Rückenschwimmer kann ebenfalls sehr gut fliegen und taucht an neu errichteten Teichen recht bald von selbst auf. Will man ihn zu Beobachtungszwecken fangen, sollte man dazu unbedingt ein Netz verwenden, denn sein Stich ist äußerst schmerzhaft.

Ebenfalls bald angeflogen kommen die sogenannten **Ruderwanzen.** Sie ernähren sich räuberisch von anderen Insektenlarven. Eine Besonderheit stellt die **Zwergruderwanze** dar, denn obwohl sie sehr klein ist (nur etwa 2 mm), kann sie laut zirpen.

Mit ihren 3–4 cm Länge ist die **Stabwanze** für uns Teichbesitzer schon leichter zu finden, dennoch ist es nicht immer ganz einfach, diese räuberisch lebende Insektenart in der Unterwasservegetation auszumachen, denn die Wassernadel, wie die Stabwanze auch genannt wird, ist ein Meister der Tarnung. Mit ihren langen taschenmesserartigen Fangbeinen fängt sie kleinere Wasserinsekten und Fischlarven. Sie hält sich meist in unmittelbarer Oberflächennähe auf, wo ihr langes Atemrohr bis an die Wasseroberfläche reicht.

Ein ähnliches Verhalten können wir beim **Wasserskorpion** beobachten; auch er versorgt sich mit einem Atemrohr am Ende seines breiten, aber sehr flachen Körpers mit dem notwendigen Sauerstoff. Insektenlarven, Kaulquappen und kleine Fische gehören zu seinen Opfern, die er mit zangenartigen Fangbeinen erbeutet.

Schnecken

Aber nicht alle neuen Bewohner unseres Gartenteiches kommen geflogen; einige, wie z.B. die **Schnecken,** wandern schon als Ei mit den eingebrachten Wasserpflanzen sozusagen als „blinde Passagiere" in ihren neuen Lebensraum ein. Für die meisten Gartenbesitzer sind Schnecken ein Reizwort, das sie mit nächtlichen Jagdzügen gegen die gemüsefressenden „Ungeheuer" in Verbindung bringen. Die Schnecken, von denen hier die Rede sein soll, fressen Gott sei Dank kein Gemüse, sondern hauptsächlich feine Algen auf Wasserpflanzen und Steinen. Gerade am Anfang treten bei einem Gartenteich oft Probleme mit zu dichtem Algenwuchs (Algenwatten) auf. Dabei sind die verschiedenen **Wasserschneckenarten** für uns recht hilfreich. Mit ihren raspelartigen Zungen fräsen sie die feinen Aufwuchsalgen von den Blättern der Wasserpflanzen. Aber nicht nur das, sie ernähren sich auch von abgestorbenen Pflanzenteilen und tragen so zur Reinhaltung unseres Gartenteiches bei. Am besten läßt sich dieser „Abraspelvorgang" in einem kleinen Aquarium beobachten, hier kann man auch dem eigenartigen Bewegungsvorgang der Schnecken gut zusehen.

Die häufigste Wasserschneckenart, die wir in unseren Breiten antreffen, ist die **Spitzschlammschnecke,** daneben gibt es zahlreiche ähnliche, für den Laien kaum unterscheidbare Arten. Sehr leicht zu erkennen ist hingegen die **Posthornschnecke,** die mit ihrem 5gängigen flachen Gehäuse an das Horn eines Postillions erinnert. Auch einige **Federkiemenschnecken, Blasenschnecken, Sumpf-** und **Tellerschnecken** finden sich im Laufe der Jahre in unserem Teich ein; meist jedoch als gallertartige Eigelege an Blättern und Stengeln von Wasserpflanzen, die wir in unseren Teich einpflanzen. Eine Schneckenart möchte ich hier noch erwähnen, und zwar die **Sumpfdeckelschnecke.** Sie besitzt die Fähigkeit, ihr Haus mit einem Deckel zu verschließen, um sich vor eventuellen Feinden zu schützen. Bei der Nahrungssuche trägt sie ihren Deckel am Fuß hinter dem Haus mit. Außerdem ist sie die einzige Schneckenart, die ihren Nachwuchs lebend zur Welt bringt. In ihrem Aussehen ähnelt sie der uns bekannten Weinbergschnecke.

Muscheln

Eher für einen größeren Teich bzw. einen Schwimmteich eignen sich verschiedene **Muschelarten.** Sie können übrigens ebenfalls erheblich zur Reinhaltung des Teichwassers beitragen, da sie sich von kleinsten Schwebteilchen ernähren, die sie mit ihrem feinen Kiemenapparat aus dem Atemwasser filtern. Bei entsprechender Muscheldichte können das -zig Kubikmeter Teichwasser sein, die von den Muscheln täglich gereinigt werden.

Für unsere Teiche kommen hauptsächlich zwei Muschelarten in Frage: einmal die gewöhnliche **Teichmuschel,** die bis zu 20 cm lang werden kann und an das Leben in Teichen hervorragend angepaßt ist. Ihre Larven (Glochidien genannt) haften sich an die Flossenränder von Fischen und entwickeln sich dort; d.h., die Muschel kann sich ohne Fische nicht fortpflanzen. Genau umgekehrt verhält es sich bei der **Malermu-**

schel. Ohne sie kann sich eine bestimmte Fischart, nämlich der Bitterling (eine bedrohte Kleinfischart), nicht vermehren. Das Weibchen legt mit seiner einzigartigen Legeröhre die Eier in die Atemöffnung der Malermuschel; in deren Inneren entwickeln sich dann die Eier des Bitterlings ohne die üblichen Gefahren freier Gewässer. Im Gegenzug haften sich die Larven der Malermuschel an die Fische und entwickeln sich dort.

Eine kleine Muschelart wäre noch zu erwähnen: die sogenannte **Dreiecks-** oder **Wandermuschel.** Dabei handelt es sich um keine heimische Muschelart. Sie wurde vielmehr im Ballastwasser von Schiffen bei uns eingeschleppt und vermehrt sich seither explosionsartig. Ihre Schalen sind rasiermesserscharf, und sie bedeckt den Gewässergrund innerhalb kürzester Zeit mit tausenden ihrer Artgenossen. In 1 m³ Wasser wurden schon 200.000 Larven dieser Muschelart nachgewiesen; ihr Auftreten in unserem Teich ist also alles andere als wünschenswert.

Amphibien

Zu den interessantesten Bewohnern unseres Garten- oder Schwimmteiches zählen zweifellos die **Amphibien.** Gerade sie sind in unserer hochtechnisierten Welt durch Zerstörung ihrer Lebensräume akut gefährdet. Viele Faktoren sind für den Rückgang der verschiedenen Frosch- und Schwanzlurche verantwortlich. Am gravierendsten wirken sich Trockenlegungen von bestehenden Laichbiotopen bzw. von Feuchtgebieten aus; dadurch wird diesen sensiblen Tieren die Möglichkeit zur Fortpflanzung genommen. Schon die Zerstörung eines Laichbiotops kann die Vernetzung von einzelnen Laichgebieten zerstören und somit zur Isolation einzelner Populationen führen. Manche Arten, wie z.B. die **Gelbbauchunke,** sind – was ihr Laichgewässer anbelangt – so anspruchslos, daß schon eine wassergefüllte Lastwagenspur genügt, um dort ihre Eier abzulegen. Kehrt der LKW allerdings Wochen später in dieser Spur zurück, ist es mit den kaum 5 cm großen Gelbbauchunken freilich vorbei. Die Liste der Zerstörung von Laichbiotopen ließe sich beliebig verlängern: Trockenlegungen von Wiesen, Straßenbau in Feuchtgebieten.

In den letzten Jahren ist noch eine zusätzliche Gefahr für die Amphibien hinzugekommen: der gedankenlose Besatz mit Fischen in Kleingewässern. Diese dort ökologisch völlig unpassenden Fische fressen praktisch die gesamten Larven von Fröschen, Kröten und Molchen bzw. Salamandern. Sogar der farbenprächtige Bergmolch ist durch solche unvernünftigen Besatzmaßnahmen mit Fischen (meist die nicht heimische Regenbogenforelle) lokal stark bedroht. Dies sollte auch für unseren Teich eine Lehre sein; Fische und Amphibien gemeinsam in einem Teich, das funktioniert nur sehr selten und setzt einerseits einen großen Teich voraus, andererseits nur eine sehr geringe Dichte von bestimmten Fischarten. Im Normalfall aber sollte es unser Anliegen sein: den bedrohten Amphibienarten neue Lebensräume aus zweiter Hand zu schaffen.

Absolut keinen Sinn hat es, erwachsene Tiere in unseren Teich einzusetzen. Sie verabschieden sich innerhalb kürzester Zeit und werden dann – auf der Suche nach dem

Tiere im und am Teich

Heimgewässer – auf der Straße überfahren. Die zweifellos beste Lösung ist, das Zuwandern von Amphibien abzuwarten. Gibt es in der unmittelbaren Umgebung einigermaßen naturbelassene Wiesen oder Wälder, so wird es vermutlich nicht lange dauern, bis die ersten Frösche oder Molche unseren neu geschaffenen Teich besuchen, um sich dort zu paaren.

Frösche

Schon im zeitigen Frühjahr, gleich nach der Schneeschmelze, kommen die ersten **Grasfrösche** *(Rana temporaria)* und legen ihre Laichballen im seichten Wasser unseres Teiches ab. Diesem Vorgang geht ein lebhaftes Liebesspiel voraus, bei dem die Männchen mit knurrenden Lauten um die Weibchen werben. Ein Laichballen des Grasfrosches besteht aus 1.500 bis 3.500 Eiern; von dieser stattlichen Anzahl überleben aber nur wenige Exemplare, um die Art zu erhalten. Der große Rest wird von diversen Freßfeinden, wie Gelbrandkäferlarven, Libellenlarven, Wasserskorpionen, Fischen, aber auch durch Kannibalismus reduziert. Der Grasfrosch ist aber kein Wasserbewohner; er verläßt unseren Teich nach erfolgter Eiablage wieder, um in seinen Lebensraum – Laubwälder, Waldränder, Feuchtgebiete und Moore – zurückzukehren. Erst nach drei Jahren kommen die ersten Grasfrösche, die in unserem Teich aufgewachsen sind, wieder zurück, um für Nachwuchs zu sorgen. Wichtig für den Grasfrosch sind seichte Bereiche in unserem Teich, in denen sich seine Larven entwickeln können. Wichtig für den erwachsenen Grasfrosch wie auch für seine Nachkommen sind ausreichende Verlandungszonen und beschattetes, feuchtes Gelände im Nahbereich des Teiches.

Gibt es in dessen Nähe Moor- oder Sumpfgebiete, können wir sogar mit dem Besuch des schön gefärbten **Moorfrosches** *(Rana a. arvalis)* rechnen, dessen Männchen zur Laichzeit blau gefärbt sind. Ansonsten ähnelt der Moorfrosch in seiner Gestalt und Färbung dem Grasfrosch.

Mit diesem leicht zu verwechseln ist auch der **Springfrosch** *(Rana dalmatina)*, allerdings hat er auffallend lange Hinterbeine, die ihn zu Sprüngen von über 2 m befähigen. Auch er kommt schon im zeitigen Frühjahr (ab März) zu seinem Laichbiotop, um Hochzeit zu feiern. Mit diesen **drei Braunfroscharten** können wir somit zu dieser Jahreszeit rechnen. Markant bei ihnen ist der sog. Schläfenfleck, der deutlich sichtbar seitlich am Kopf sitzt. Mit Geduld und einer gut isolierenden Unterlage können wir das Hochzeitszeremoniell am Bauch liegend hautnah beobachten und eventuell sogar fotografieren.

Während die Braunfrösche unseren Teich gleich nach der Eiablage wieder verlassen, verbringen die **Wasserfrösche** ihr gesamtes Leben direkt im oder zumindest am Wasser. Von den drei vorkommenden Arten, die übrigens nicht so einfach voneinander zu unterscheiden sind, ist der **Seefrosch** *(Rana ridibunda)* mit seinen 15 cm mit Abstand der größte. Allerdings kommen Seefrösche meist nur an ausgedehnteren Gewässern vor.

Viel häufiger und auch an kleinen Gewässern – wie unserem Gartenteich – ist der **Teichfrosch** *(Rana esculenta)* anzutreffen. Und er ist auch das, was wir uns als Kinder (und vielleicht auch jetzt noch) unter dem Begriff „Froschkönig" vorgestellt haben. Seine intensiv grüne Färbung, seine großen Augen und die beiden deutlich sichtbaren Schallblasen, mit denen er beeindruckende Konzerte veranstaltet, machen ihn zum bekanntesten Frosch unter den Teichbesitzern. Seinen Rücken ziert meist ein helles Längsband, und seine Oberschenkel zeigen eine schwarzbraune Marmorierung.

Meist sitzen die Teichfrösche am Ufer in unmittelbarer Wassernähe und lauern dort auf Beute. Auch auf See- und Teichrosenblättern gehen sie gerne auf Jagd. Insekten und andere kleine Tiere werden mit der vorschnellbaren langen Zunge gefangen und sofort verspeist. Mit etwas Geduld kann man den Teichfrosch an die Anwesenheit von Menschen gewöhnen, ja mitunter gelingt es sogar, ihn handzahm zu machen, was aber nicht zur Annahme verleiten sollte, der Frosch sei ein Streicheltier. Auch das „Küssen des Froschkönigs" führt selten zum Erfolg. Meist sucht das Tier in solchen Situationen tiefere Teichregionen auf.

Zweifellos ist der Teichfrosch aber ein ausgezeichnetes Beobachtungsobjekt. Die Larven brauchen meist zwei Jahre, um ihre Metamorphose zu vollziehen. Die Kaulquappen dieser Froschart sind entsprechend groß. Da sie sich, wie alle Kaulquappen, hauptsächlich von Algen ernähren, sind sie für die Reinhaltung unseres Teiches eine große Hilfe. Um einer Gesellschaft von Teichfröschen ein Zuhause zu bieten, sollte der Teich aber wenigstens 80 m² groß sein.

Wie schon eingangs erwähnt, ist die Unterscheidung von See- und Teichfrosch nicht immer einfach, dies um so mehr, als es Kreuzungen beider Arten gibt – wir nennen sie der Einfachheit halber Wasserfrösche. Interessant ist in diesem Zusammenhang auch die Tatsache, daß die Wasserfroscharten ihre Laichballen nicht – wie die Braunfrösche – in unmittelbarer Ufernähe ablegen, sondern oft mitten im Teich, wo sie dann auf den Gewässergrund sinken.

Vielen von uns ist der **Laubfrosch** *(Hyla a. arborea)* aus Jugendtagen noch wohlbekannt; leider ist gerade diese Art akut bedroht. Mit unserem Gartenteich können wir dem „Grünrock" eventuell ein neues Zuhause geben. Besonders wichtig, um den Laubfrosch an ein Gewässer zu binden, ist die Vegetation rund um den Teich. Dort hält sich der Laubfrosch bevorzugt in Schilfbeständen auf, ansonsten liebt er Buschwerk, Bäume und Sträucher in der Nähe seines Laichgewässers. Wie die Braunfroscharten, besucht auch der Laubfrosch nur zur Paarung und Eiablage direkt das Wasser. Im Gegensatz zu den anderen Froscharten besitzt er an seinen Zehen aber Haftscheiben, mit denen er hervorragend klettern kann. Er verbringt den Großteil seines Lebens auf Bäumen und Sträuchern, wo er wegen seiner variablen Färbung (hellgrün bis dunkelbraun) optimal getarnt ist. Optisch ist der kleine liebenswerte Laubfrosch für uns oft nicht wahrnehmbar, dafür ist er nicht zu überhören. Trotz seiner geringen Größe (max. 5 cm) kann der „Gesang" von Laubfröschen über hunderte Meter hörbar sein, was bei manchen Nachbarn nicht unbedingt Begeisterung auslöst. Unser Argument dagegen: Der Laubfrosch verbringt den ganzen Tag mit der Jagd nach Fliegen, Mücken und ähnlichen Insekten; er ist also äußerst nützlich und außerdem hochgradig in seinem Bestand gefährdet.

Unken

Deutlich leiser ist da schon das Konzert der **Gelbbauchunken** *(Bombina variegata)*, ihre schüchternen Rufe sind leicht zu überhören. Unken sind überhaupt ziemlich unauffällige Tiere, man hört sie kaum, und auch ihre Färbung ist völlig auf Tarnung ausgerichtet. Ein dezentes Graubraun macht die kleinen Kerle in seichten Gewässerbereichen fast unsichtbar. Bei einiger Übung sind sie in unserem Teich aber bald entdeckt. So unauffällig die Unken am Rücken gefärbt sind, so grell ist ihre schwarzgelbe Bauchseite. Sinn dieser farbenfrohen Laune der Natur ist die Schockwirkung auf eventuelle Feinde. Während die Gelbbauchunke weitverbreitet (aber nicht häufig) und schon mit kleinsten Gewässern zufrieden ist, kommt die **Rotbauchunke** nur in den Wassern des Tieflands vor und wird daher an unserem Teich kaum auftauchen.

Kröten

Von den verschiedenen Krötenarten unserer Breiten wird vor allem die **Erdkröte** *(Bufo bufo)* Ihren Teich besuchen; meist kommt sie schon kurz nach den Braunfröschen zu ihrem Laichgewässer. Im Gegensatz zu den Fröschen legt die Erdkröte keine Laichballen mit Eiern ins Gewässer, sondern windet bis zu 4 m lange Laichschnüre um Wasserpflanzen und im Wasser liegende Äste. In diesen charakteristischen Laichschnüren lassen sich bereits die Embryonen als schwarze Punkte erkennen. Im Frühsommer ist die Entwicklung der kleinen Erdkröten meist abgeschlossen, und sie verlassen (wie die Braunfroschlarven) ihr Laichgewässer. Verlandungszonen mit dichter Vegetation und anschließenden Feuchtbereichen sind sowohl für die kleinen Kröten als auch für den Froschnachwuchs beim Verlassen des Wassers außerordentlich wichtig, damit die winzigen Amphibien vor Freßfeinden aus der Luft geschützt sind. Nach erfolgter Eiablage verlassen die erwachsenen Erdkröten ihr Laichgewässer wieder; gibt es im Garten allerdings geeignete Unterschlüpfe und Rückzugsgebiete mit dichter Vegetation, dann verbleiben einige Erdkröten auch während des Jahres in unserem Garten. Und es gibt neben dem Igel wohl kaum einen emsigeren Schneckenvernichter als die Erdkröte. Wir schenken ihr ein neues Zuhause, und sie dankt es uns mit wirkungsvoller Schädlingsbekämpfung. Es versteht sich von selbst, daß die Verwendung von Insektiziden für unsere Amphibien tödliche Folgen haben würde.

Andere Krötenarten, wie die wunderschön gefärbte **Wechselkröte** *(Bufo v. viridis)*, benötigen möglichst vegetationsarme Laichbiotope, um sich erfolgreich fortpflanzen zu können. Sie überstehen sogar für Amphibien unwirtliche Verhältnisse, wie Trockenheit, Hitze und Kälte. Die Laichzeit der Wechselkröte erstreckt sich von Ende Februar bis Mitte Juni; während dieser Zeit können wir die interessante Krötenart im Wasser beobachten. Ansonsten ist sie – wie die meisten anderen Krötenarten – nachtaktiv, und zwar im positiven Sinn. Die Wechselkröte frißt nämlich mit Vorliebe Schnecken und Würmer.

Die **Kreuzkröte** *(Bufo calamita)*, eine ziemlich kleine Krötenart, besitzt die Fähigkeit, sich laufend fortzubewegen – und zwar ziemlich rasch, so daß man sie in der Dunkelheit leicht mit einer Maus verwechseln kann. Auch sie begnügt sich mit kleinsten

Tiere im und am Teich

Laichbiotopen, die allerdings wenig Pflanzenbewuchs aufweisen sollten. Während der Wintermonate vergräbt sich die Kreuzkröte tief im Erdboden.

Nur bei Tag vergräbt sich die **Knoblauchkröte** *(Pelobates fuscus)*, um bei Einbruch der Dämmerung auf Insektenjagd zu gehen. Sie kommt aber nur kurz in ihr Laichgewässer und legt dort ihre Laichschnur ab. Die Larven dieser Krötenart überwintern meist im Wasser und werden bis zu 15 cm lang.

Mit rund 5 cm doch recht klein ist die **Geburtshelferkröte** *(Alytes obstetricaus)*. Sie ist deswegen aber keineswegs uninteressant für uns, denn bei dieser Krötenart findet die Paarung an Land statt, und das Männchen trägt die Laichschnur (ca. 30 bis 70 Eier) um die Hinterbeine gewickelt und versteckt sich damit rund sieben Wochen in seiner Erdhöhle; erst dann kommt es zum Laichgewässer. Beim ersten Kontakt mit Wasser sprengen die Larven die Eihüllen und schwimmen frei umher. Das Laichbiotop der Geburtshelferkröte muß nicht groß, sollte aber nicht zu dicht bewachsen sein. Geburtshelferkröten bevorzugen als Lebensraum alte Steinbrüche, Kiesgruben, altes Mauerwerk, also eher trockene Bereiche. Sie leben dort gerne gesellig und graben sich tiefe Erdhöhlen.

Molche

Hochinteressante Gäste in unserem Teich sind auch die verschiedenen **Molche.** Vier Arten kommen bei uns vor. Sie zu unterscheiden, ist auch für den Laien kein Problem. Molche gehören zu den farbenprächtigsten Amphibien überhaupt; besonders ihre Bauchseite, aber auch die Flanken und der Schwanz sind oft intensiv gefärbt. Auch die Molche zählen heute zu den gefährdeten Tierarten. Mit dem Anlegen unseres Gartenteiches können wir mithelfen, diesen bunten Amphibien neue Lebensräume zu erschließen.

Am imposantesten ist der **Kammolch** *(Triturus cristatus)*, er erreicht 8 bis 20 cm, das Männchen hat während der Paarungszeit einen auffallend gezackten Rückenkamm, der für diese Art namengebend ist. Charakteristisch für den Kammolch ist neben dem orange-schwarz gefleckten Bauch auch der perlmuttfarbene Streifen an den Schwanzseiten. Neben dem normalen Kammolch gibt es noch den **Donau-** *(Triturus dobrogicus)* und den **Alpenkammolch** *(Triturus carnifex)*, die jedoch leider schon sehr selten sind. Kammolche kommen schon sehr zeitig im Frühjahr zu ihren Laichgewässern, meist bereits Ende Februar Anfang März, und sie sind die einzigen bei uns lebenden Molche, die oft bis in den Herbst hinein im Wasser bleiben. Teilweise überwintern sie auch dort.

Deutlich häufiger als der Kammolch kommt jedoch der **Teichmolch** *(Triturus vulgaris)* an unser Gartengewässer; auch diese Art besiedelt schon sehr zeitig im Frühjahr ihr Laichgewässer. Beim Teichmolchmännchen fällt uns der sehr hohe Kamm auf, der sich vom Kopf bis zum Schwanz erstreckt und nicht unterbrochen ist (bei den Kammolchen ist der Kamm an der Schwanzwurzel tief eingeschnitten). Der Teichmolch ist auch erheblich kleiner als der Kammolch. Auch bei ihnen ist die Bauchseite orange gefärbt und mit schwarzen Flecken übersät, wobei das Männchen allerdings viel intensiver gefärbt ist als das Weibchen. Die Teichmolche verlassen unseren Gartenteich bald nach der Eiablage, meist im Lauf des Juni. Ihre Eier legen Molche einzeln in zusam-

122

mengefaltete Wasserpflanzenblätter, deshalb bevorzugen sie vegetationsreiche Laich-gewässer. Ihre Larven ähneln schon erwachsenen Molchen der Gestalt nach, doch be-sitzen sie am Kopfende deutlich sichtbare Kiemenbüschel. Sie brauchen daher nicht, wie ihre Eltern, regelmäßig zum Luftschnappen aufzutauchen.

Selten – und meist in etwas höher gelegenen Gegenden – kommt der **Fadenmolch** *(Triturus helveticus)* vor; er ist eher unscheinbar gefärbt und kann mit weiblichen Teich-molchen verwechselt werden. Das Männchen hat an seinem Schwanzende einen ca. 1 cm langen, fadenartigen Fortsatz und am Rücken drei leistenartige Hautsäume, da-her bezeichnet man diese Molchart mancherorts auch als **Leistenmoch.** Sie ist die kleinste bei uns vorkommende Molchart.

Besonders farbenfroh ist der in höheren Lagen bzw. Bergregionen vorkommende **Alpen-** oder **Bergmolch** *(Triturus alpestris).* Sein Bauch ist grell orangerot gefärbt (Männchen und Weibchen) und weist keine dunklen Punkte auf. Die Flanken sind beim Männchen blaugrau, beim Weibchen bräunlich. Das Männchen hat auf dem Rücken außerdem einen niederen, glatten, schwarzgelb gemusterten Kamm. Diese auffallend schön gefärbte Molchart bleibt je nach Höhenlage des Laichgewässers bis zum Hochsommer im Wasser. Den Rest der warmen Jahreszeit verbringen die Berg-molche an Land, wie die anderen Molcharten auch, und ernähren sich von Insekten, Spinnen und Schnecken.

Um die netten kleinen Molche auch nach der Laichzeit in der Nähe unseres Garten-teiches zu halten, sollten sie unbedingt Versteckmöglichkeiten schaffen. Verlandungs-zonen, hohlaufliegende Steine im Uferbereich, morsche Wurzelstöcke und ähnliches nehmen Molche gerne als Tagesverstecke oder Winterlager an. Während der Laichzeit sind sie meist relativ leicht zu beobachten, da sie in Abständen von einigen Minuten zum Luftholen auftauchen müssen. Besonders interessant ist das Liebeswerben der Molchmännchen: in Balzstellung präsentieren sie dem Weibchen den bunten wedeln-den Schwanz. Mit etwas Geduld können sie diese farbenprächtigen Liebesspiele be-obachten.

Salamander

Wer seinen Teich in der Nähe von ausgedehnten Buchenwäldern anlegt, kann mit et-was Glück den gelbschwarzen **Feuersalamander** *(Salamandra salamandra)* antreffen – allerdings nicht im Wasser, sondern höchstens bei Dunkelheit und/oder Regen, denn dann begibt sich dieser auffällig gefärbte Schwanzlurch auf Nahrungssuche. Er frißt hauptsächlich Schnecken, Spinnen und Insekten. Die Paarung findet an Land statt. Nach einer Tragezeit von etwa 8 Monaten werden vom Weibchen die kiementragen-den Larven im Flachwasser abgesetzt. Allerdings wird unser Gartenteich in der Regel für Salamanderlarven ungeeignet sein, denn sie benötigen klares und vor allem kaltes Wasser, um sich entwickeln zu können. Am ehesten findet man die Larven des Feuersalamanders in kleinen Waldbächen oder in alten Brunnenfassungen. Es hat übrigens keinen Sinn, Feuersalamander oder ihre Larven in den eigenen Gartenteich einzusetzen, wenn sie dort nicht ohnehin vorkommen.

Im Mittelalter galten sie als probates Mittel bei Bränden; damals warf man die ar-

men Tiere zu Dutzenden in die Flammen, um das Feuer zu löschen – vermutlich mit mäßigem Erfolg.

Es gibt zwei Formen des Feuersalamanders: die eine ist gebändert, daß heißt, die gelben Tupfen sind zu Längsbändern verschmolzen, und die andere, normal getupfte Form, wobei alle Übergangsformen möglich sind – Salamander lassen sich bei der Farbgebung eben nichts dreinreden. Auch ganz schwarze Salamander erfreuen uns durch ihre Existenz, sie kommen aber nur im Gebirge (ab ca. 800 m) vor und heißen **Alpensalamander.** Wir werden sie nur bei Bergwanderungen, nicht aber an unserem Gartenteich beobachten können.

Krebse

Im einschlägigen Handel werden Teichbesitzern heutzutage alle möglichen Wasserbewohner angeboten, unter anderem auch verschiedene Krebsarten. Von diesen an sich interessanten Tieren muß dringend abgeraten werden, denn es handelt sich hier fast ausnahmslos um aus Amerika eingeführte Krebsarten, also um keine heimischen Krebse. Außerdem sind diese Tiere **fast immer Überträger der gefürchteten Krebspest.** Dies gilt für den **Signalkrebs** ebenso wie für den **Kamberkrebs** und den **Amerikanischen Sumpfkrebs.** Diese ausländischen Arten wandern aus unserem Teich innerhalb kürzester Zeit wieder aus und suchen das nächste freie Gewässer auf. Das Fatale dabei: Sie bringen die verheerende Krebspest in noch intakte Gewässer und vernichten so die gesamten heimischen Edelkrebsbestände.

Wer also unbedingt Krebse in seinem Teich haben möchte, sollte zumindest mit **heimischen Edelkrebsen** besetzen. Als Beobachtungsobjekte eignen sich Krebse kaum, da sie nachtaktiv sind und sich tagsüber in ihren Verstecken verbergen. Sie können aber bei zu dichtem Pflanzenbestand recht hilfreich sein. Obendrein sind Edelkrebse eine Delikatesse für Feinschmecker. Wer also einen größeren Gartenteich anlegt, kann mit Edelkrebsen (und nur mit diesen) einerseits übermäßiges Pflanzenwachstum verhindern und hat andererseits in zwei, drei Jahren einen guten Bestand an gepanzerten Leckerbissen vor der Haustür.

Fische

Wenn unser Teich eine bestimmte Größe erreicht, können unter bestimmten Umständen einige wenige Fischarten eingebracht werden (nicht aber im Schwimmteich!). Eines muß uns bei einem eventuellen Fischbesatz immer klar sein: Fische fressen mit Vorliebe Insekten, deren Larven und Amphibienlarven. Dies bedeutet immer einen gravierenden Eingriff in das bestehende Ökosystem. Grundsätzlich sollte stets der bestehenden bzw. zuwandernden Fauna der Vorzug gegeben werden. Bedenken wir, daß besonders die verschiedenen Amphibienarten in ihrem Bestand gefährdet sind; wir sollten ihnen ein neues Zuhause, einen neuen, artgerechten Lebensraum schaffen.

Welche Fischarten kommen für unseren Gartenteich nun in Frage?

Tiere im und am Teich

Nur einige wenige Kleinfischarten sind für kleine Teiche wirklich geeignet. Goldfische, Karauschen und Karpfen gehören nicht dazu. Diese Fische suchen ihre Nahrung in der Produktionsschicht, also am Grund unseres Teiches. Mit ihren vorstülpbaren Mäulern suchen sie nach Schlammröhrenwürmern und ähnlichem – dies hat unweigerlich zur Folge, daß unser Teich völlig eingetrübt wird und keinerlei Beobachtungen mehr möglich sind. Außerdem fressen diese Fischarten jede Menge Insektenlarven und kleine Amphibien.

Kommen in unserem Teich bereits Teich- oder Malermuschel vor, so könnte man hier einem schon sehr selten gewordenen Kleinfisch, dem **Bitterling** *(Rhodeus sericeus amarus)* eine neue Heimat bieten. Er kann sich, wie schon erwähnt, nur mittels der erwähnten Muschelarten fortpflanzen. Das Weibchen entwickelt während der Laichzeit (April/Mai) eine spezielle Legeröhre, die länger als der gesamte Fisch ist. Mit dieser legt es dann einige wenige Eier in die Atemöffnung der Muschel; danach kommt das Männchen und verspritzt sein Sperma über der Atemöffnung. Die Muschel inhaliert den abgegebenen Samen und befruchtet so die Eier, die sich bereits in ihrem Innern befinden. Dort entwickeln sich die wenigen Eier, geschützt vor Freßfeinden. Die Bitterlingmännchen sind während der Laichzeit übrigens leuchtendrot und blau gefärbt. Diese Fischart läßt sich mit ein wenig Geduld gut beobachten, frißt kaum Amphibienlarven und trübt unser Teichwasser garantiert nicht ein.

Eine weitere sehr interessante Fischart ist der **dreistachelige Stichling** *(Gasterosteus aculeatus)*; er wird ebenfalls kaum größer als 9 cm, ist aber, im Gegensatz zum Bitterling, ein sehr räuberisch lebender Kleinfisch. Der Stichling ernährt sich vorzugsweise von Insektenlarven, Kleinkrebsen und kleinen Amphibienlarven – das bedeutet für uns, daß er nur für Teiche geeignet ist, in denen keine Amphibien vorkommen. Sonst würde er die anderen Teichbewohner stark dezimieren. Eine eventuelle Lösung wäre ein großer, gegen den Rest des Teiches abgegrenzter Seichtwasserbereich, in dem sich z.B. Kaulquappen und Molchlarven entwickeln können, ohne von den Stichlingen gefressen zu werden. Eine Eigenart macht ihn allerdings zu einem interessanten Beobachtungsobjekt: Er baut für seine Nachkommen ein kunstvolles Nest aus pflanzlichen Substanzen. Außerdem verfärben sich die männlichen Stichlinge zur Paarungszeit im Bauch- und Kopfbereich grell orangerot, der Rücken schillert in grünschwarzen Streifen. Der dreistachelige Stichling gehört also mit Abstand zu den buntesten Kleinfischarten unserer Breiten. Interessant ist auch die Brutpflege bei dieser Fischart: Die Weibchen werden von den Männchen sofort nach der Eiablage verjagt. Während der Eiphase und auch noch nach dem Schlüpfen bewacht das Männchen die Jungen, bis sie in der Lage sind, für sich selbst zu sorgen. Stichlinge sind gesellig lebende Fische; man sollte mindesten 15–20 Stück davon besetzen, aber, wie gesagt, sie leben sehr räuberisch und können das Gleichgewicht der im Teich lebenden Tiere gehörig schädigen.

Ebenfalls gesellig lebt die **Elritze** oder **Pfrille** *(Phoxinus phoxinus)*; auch sie zählt leider schon zu den gefährdeten Arten. Elritzen brauchen, um sich wohlzufühlen, sauberes, sauerstoffreiches Wasser und sandigen bis kiesigen Grund. Normalerweise leben diese Kleinfische neben Forellen und Äschen in Seen, Flüssen und Bächen. Dieser Schwarmfisch verträgt aber auch gelegentlich höhere Temperaturen, so daß es im Sommer kaum zu Ausfällen kommt. Wichtig ist allerdings der Sauerstoffgehalt

126

Tiere im und am Teich

des Teichwassers: Weist unser Teich einen ausreichenden Wasserpflanzenbestand auf, so ist durch die Assimilation der Pflanzen immer genügend Sauerstoff vorhanden. Die Pfrillen legen ihre Eier bevorzugt auf sandigem bzw. kiesigem Grund ab; die Männchen nehmen dabei eine leuchtend rot/grün/schwarze Färbung an und bekommen im Kopfbereich einen sog. Laichausschlag (kleine weiße Punkte), der nach der Hochzeit wieder verschwindet. Elritzen können durch ihre Schleimhaut sogar Schreckstoffe absondern und so den Rest des Schwarmes vor Feinden warnen.

Ein eher unauffällig gefärbter Kleinfisch ist das **Moderlieschen** *(Leucaspius delineatus)*; sein silbriggraues Schuppenkleid dient eher der Tarnung vor Feinden. Auch das Moderlieschen ist ein klassischer Schwarmfisch und sollte daher in mehreren Exemplaren besetzt werden. Voraussetzung für seine Fortpflanzung ist das reichliche Vorkommen von Wasserpflanzen in unserem Teich, denn auf diesen legt das Moderlieschen seine Eier ab. Diese Fische werden kaum größer als 10 cm und ernähren sich von Planktonkrebsen und Insektenlarven.

Wie bereits erwähnt, sind Goldfische für unseren Teich denkbar ungeeignet, da sie ständig für trübes Wasser sorgen und außerdem von uns regelmäßig gefüttert werden müssen. Dadurch gelangen übermäßig Nährstoffe ins Wasser und führen zu starkem Algenwachstum bzw. zur Eintrübung. **Goldorfen** *(Leuciscus idus)* und **Rotfedern** *(Scardinius erythropthalmus)* haben etwa die Größe von Goldfischen, wühlen aber nicht im Grund bzw. Schlamm, sondern halten sich gerne in Oberflächennähe auf. Beide Arten fressen Pflanzen und Wasserinsekten, sie beeinträchtigen die Sichttiefe unseres Teiches nicht, benötigen allerdings einen Teich, der mindestens 30 m² groß ist, um sich wohlzufühlen. Außerdem ist auch hier zum Schutz der Amphibien unbedingt eine für die Fische nicht zugängliche Seichtwasserzone notwendig.

Alle anderen Fischarten sind für unseren Teich kaum oder gar nicht geeignet. Dringend muß von nicht heimischen Fischarten, wie z.B. dem Blaubandbärbling und diversen Barscharten, wie etwa dem Sonnenbarsch, abgeraten werden. **Man kann es nicht oft genug erwähnen: Unser Gartenteich sollte ein Refugium für heimische, bedrohte Amphibien- und Insektenarten sein und kein Spielplatz für Versuche mit exotischen Tierarten!**

WELCHE PROBLEME KÖNNEN AUFTRETEN?

Sicherheit für Kinder

Als Teichbesitzer sind Sie grundsätzlich dafür verantwortlich, den Teich so abzusichern, daß keine Unfälle mit Kindern passieren können. In der Regel wird ja das Grundstück bzw. der Teich eingezäunt, so daß zumindest mit fremden Kindern kaum etwas passieren kann. Die eigenen Kinder – oder solche, die zu Besuch kommen – sollten den Umgang mit dem Gewässer erlernen. Normalerweise wird ein Kind nicht absichtlich in tiefere Zonen des Teiches vordringen, deshalb ist es gut, wenn die Uferzonen flach sind, damit sich ein Kind an Pflanzen und auch Steinen festhalten kann, wenn es einmal hineinrutschen sollte. Extrem gefährlich sind steile Stellen, wo die Folie freiliegt, wie z.B. auch bei aufgestellten Swimmingpools. Weitere gefährliche Stellen sind bei Stegen, Brücken und Mauern, an denen ein Kind direkt ins tiefe Wasser fallen kann. Eine Absicherung mit Gittern, Zäunen oder Pflanzen ist sehr empfehlenswert. Besonders im Frühjahr kommt es immer wieder zu Unfällen, wenn Kinder gewohnt sind, auf dem Eis zu spielen, dann aber übersehen, daß es schon brüchig ist. Auf alle Fälle sollten daher in der Nähe des Teiches Leiter und Rettungsring mit Seil griffbereit sein.

Umgekehrt können Kinder aber auch eine Bedrohung für den Teich darstellen: Pflanzen können zerstört werden, manchmal landet Müll im Teich und sogar Substanzen, die das Wasser echt gefährden können. Eine Aufklärung der Kinder und das Hinführen zu einem behutsamen Umgang mit der Natur sind geeignet, Beschädigungen hintanzuhalten.

Beim Badebetrieb sollten Erwachsene Kinder immer wieder darauf aufmerksam machen, den Teich nicht als Toilette zu benützen. Je nach Teichgröße und Badebetrieb könnte es sonst zu einer Überdüngung kommen.

Sehr selten wird ein Kind von einem Rückenschwimmer gestochen – der Stich ist harmlos. Werden Libellen- oder Gelbrandkäferlarven gefangen, können sie zwicken, das Kind lernt so den Umgang mit den Teichbewohnern.

Wichtig: Wenn der Teich teilweise mit Wasser befüllt ist, sind kleine Kinder und Tiere sehr gefährdet, da sie auf der glatten Folie keinen Halt finden würden. Auf jeden Fall sollten Holzbalken, Leitern o.ä. zum Hinausklettern in die Teichmulde gelegt werden. Gerade in dieser Zeit muß das Gartengelände gut abgesichert werden!

Bauliche Schwierigkeiten

Wenn es während der Baggerung stark regnet, ist es am besten, diese erst bei trockenem Wetter fortzusetzen. Sonst kann es zu unkontrollierten Abschwemmungen und Abbrüchen kommen; es sind auch schon Bagger im Morast steckengeblieben, besonders, wenn der Untergrund aus Lehm bestand.

Insbesondere für jenen Zeitraum, in dem die Abdichtung eingebracht wird, sollte

Welche Probleme können auftreten?

Schönwetter angesagt sein, sonst können schnell hohe Kosten entstehen, da das Trocknen und Reinigen z.B. von Folie unglaublich zeitaufwendig sind. Besser ein paar Tage zuwarten, als ein Risiko eingehen – der Untergrund sollte absolut trocken sein, bevor die Abdichtung erfolgt.

Der Aushub ist der wichtigste Bauschritt

Der Grundstein für viele Probleme, die später auftreten, wird schon beim Bau gelegt: Der Regenerationsbereich wird zu klein bemessen und zu seicht ausgebaggert. Seichte Zonen erwärmen sich rasch und bieten Algen gute Lebensgrundlagen, Nährstoffkonkurrenz in Form von Tauchpflanzen kann sich zuwenig entwickeln.

Es ist daher unbedingt darauf zu achten, daß das richtige Verhältnis vom Schwimm- zum Regenerationsbereich genau eingehalten wird. Die Tiefen müssen mit Wasserwaage und Maßband mehrmals überprüft werden.

Vorsicht bei der Teicheinrichtung!

Beim Einbringen von Substrat, Schottermaterial und Steinen ist größte Vorsicht geboten, damit es nicht zur Verletzung der Abdichtung kommt. Es sollten bei diesen Arbeiten keine spitzen Werkzeuge verwendet werden. Wenn große Steine mit Bagger oder Kran in den Teich verlegt werden, muß der Unterbau so beschaffen sein, daß die Abdichtung nicht beschädigt werden kann (Teichsäcke in mehreren Lagen).

Auch beim Einbau der Abgrenzung Schwimmbereich/Regenerationsbereich muß sehr behutsam vorgegangen werden, damit es zu keinen Beschädigungen kommt.

Unter Holzpfosten, Steine und Teichsäcke werden zum Schutz der Folie Vlies- und Folienreste gelegt.

Bepflanzung und Befüllung mit Wasser

Es kann passieren, daß man die Pflanzen bereits am Teichrand stehen hat und anpflanzen möchte, der Wasserspiegel aber zu langsam steigt. Auch in diesem Fall lohnt es sich, zu warten und die Pflanzen vorübergehend in wasserdichten Kisten unterzubringen, die man in der Wasserpflanzengärtnerei ausleihen kann. Will man die Pflanzen trotzdem setzen, müssen sie täglich mehrmals gegossen werden.

Wird vom Hydranten oder durch die Feuerwehr befüllt, geht dies wesentlich rascher – meist ist der Teich in einigen Stunden voll. Die Bepflanzung sollte somit abgeschlossen sein, wenn mit der Befüllung begonnen wird. Seerosen, Unterwasserpflanzen u.a. werden mit nassen Tüchern und Plastik abgedeckt, damit sie nicht austrocknen. Das Wasser sollte nicht mit vollem Druck kommen, da sich der Schlauch sonst leicht selbständig macht. Er muß sehr gut fixiert oder festgehalten werden, damit er nicht unkontrolliert umherfährt, Substrat, Schotter und Steine aufwirbelt – das hätte katastrophale Folgen: Der Teich müßte wieder ausgepumpt und die Pflanzzonen etc. neu eingerichtet werden.

Kurz nach der Befüllung mit Wasser kommt es auf der glatten Folie leicht zum Ab-

129

Kinder sollten von Anfang an die Freuden, aber auch die Gefahren eines Schwimmteiches kennenlernen. Zur Sicherheit sollten sie aber immer eine Schwimmhilfe tragen

Wenn Gewebefolien von guter Qualität verwendet werden, kann ein Hund keinen Schaden anrichten

Welche Probleme können auftreten?

rutschen von Material. Dem kann vorgebeugt werden, indem Vlies untergelegt und das Material ordentlich verdichtet wird. Ein gewisses Abrutschen ist normal; die betroffenen Stellen werden mit Schotter aufgefüllt.

Loch in der Abdichtung

Sehr unangenehm und nicht zu übersehen ist es, wenn der Teich plötzlich Wasser verliert und offensichtlich irgendwo eine undichte Stelle aufweist.

Nagetiere

Besonders bei Lehmteichen kommt es oft zu Beschädigungen durch Bisamratten, die ihre Höhleneingänge bis zu 50 cm unter dem Wasserspiegel graben. Aber auch Wühlmäuse (die Bisamratte gehört übrigens zu dieser Spezies) und Ratten können Verursacher sein.

Maßnahmen: Die undichte Stelle suchen (sie befindet sich genau in Höhe des abgesunkenen Wasserspiegels) und mit Lehm abdichten. Scharfkantige Steine und Glasscherben tragen dazu bei, daß dort nicht mehr gegraben wird.

Bald jedoch können an anderer Stelle neue Schäden auftreten. Daher ist es angebracht, dafür zu sorgen, daß die Tiere entfernt werden.

Vorbeugend sollte bei solchen Teichen – wie bereits mehrfach erwähnt – im Flachwasserbereich ein Gitter eingebaut werden; Schüttungen mit scharfkantigen Steinen helfen ebenfalls.

Hinweise, daß eine Bisamratte im Teich ihr Unwesen treibt, sind ausgerissene Pflanzenteile, die an der Oberfläche schwimmen, oder stark getrübtes Wasser durch die Wühltätigkeit auf dem Grund.

Pflanzenwurzeln

Wie schon erwähnt, sind Essigbaum, Schilf und Bambus am ehesten in der Lage, die Folie mit ihren Wurzeln zu durchwachsen. Aber auch großen Bäumen gelingt es immer wieder, von unten her Schwachstellen zu finden und an das begehrte Wasser zu gelangen. Oft wird der Schaden erst bemerkt, wenn Wurzeln nach dem Fällen eines Baumes verfaulen und der Wasserspiegel sinkt. Betroffen sind meist dünne Teichfolien oder sehr weiche Folien ohne Gewebe.

Maßnahmen: Je nach Art der Abdichtung sollte über die undichte Stelle mit dem Abdichtungsmaterial geschweißt, geklebt oder vulkanisiert werden. Fallweise hilft auch Silikon, doch kann vorkommen, daß es mit dem Abdichtungsmaterial nicht bindet. Auch hier ist Vorbeugung angebracht: Es sollte eine wurzelfeste Abdichtung verwendet werden. Zwischen Bambus, Wurzeln und Teich kann eine schützende Betonschicht eingebracht werden.

Mechanische Beschädigung

Beim Aufhacken einer Eisdecke mit dem Pickel etwa kann es leicht zu einer Beschädigung bei der Abdichtung kommen, ebenso durch unvorsichtiges Hantieren mit Werkzeug beim Einrichten des Teiches oder beim Verlegen großer, spitzer Steine. Es sollten daher alle Maßnahmen getroffen werden, daß es zu keiner Beschädigung der Abdichtung kommt. Passiert trotzdem etwas, wird Ihnen die Abdichtungsfirma gerne das Loch reparieren.

Technische Schäden

Sehr selten ist die Abdichtung von der Fabrikation her fehlerhaft; es sind nur wenige Materialschäden, z.B. bei Folien, bekannt. Ein professioneller Verarbeiter würde diese auch sofort erkennen. In jedem Fall ist eine sofortige Reklamation günstig; die Herstellerfirma gibt ja 5, 10 oder 15 Jahre Garantie.

Verarbeitungsfehler vor Ort sind schon häufiger; nach einer internen Statistik tritt bei ca. 100 abgedichteten Teichen ein gravierender Schaden auf. Meist ereignen sich solche Fehler, wenn Laien oder schlecht ausgebildete Professionisten arbeiten. Unter schwierigen Bedingungen, wie Kälte, Regen oder Nässe vom Bodengrund her, ist allerhöchste Vorsicht geboten – da geschehen die meisten Fehler. Oft werden sie erst nach der Befüllung mit Wasser bemerkt, und dann beginnt ein mühsames Suchen nach der Fehlerquelle; das Beheben kann dadurch sehr teuer werden.

„Kippen" des Teiches

Ein sehr netter Anruf erreichte uns einmal im Frühjahr, als uns eine verzweifelte Schwimmteichbesitzerin mitteilte, ihr Teich sei „umgestürzt". Im ersten Moment dachten wir an ein Erdbeben; es stellte sich dann rasch heraus, was gemeint war: Der Teich befand sich in voller Algenblüte, sehr schnell konnten wir die Anruferin beruhigen.

Ein wirkliches „Umkippen" bei einem Garten-Schwimmteich ist sehr selten. Es würde nämlich bedeuten, daß das Gewässer fast tot wäre. An Lebewesen gedeihen nur mehr anaerobe Bakterien und manche Algen. Das Wasser ist dunkelbraun oder milchigtrüb und stinkt; Gasbläschen steigen vom Bodengrund auf.

Solche Prozesse können durch Nährstoffeintrag (Dünger, Gülle…), durch zuviel Schlamm im Teich (abgestorbenes, organisches Material) oder Gifte ausgelöst werden. Da sich kein Sauerstoff mehr im Wasser befindet, ist Erste Hilfe angesagt.

Das Wasser wird abgepumpt und durch Frischwasser ersetzt. Schlamm muß aus dem Teich herausgeräumt werden, ebenso abgestorbene Pflanzen und Laub; es sollte eine Generalreinigung durchgeführt werden. Noch lebende Tauchpflanzen und Seerosen werden mit nassen Tüchern und Plastikfolie abgedeckt und immer wieder befeuchtet. Nach Beendigung dieser Arbeiten sollte der Teich so schnell wie möglich neu

Welche Probleme können auftreten?

befüllt werden; einige Kübel Wasser aus einem Teich, der in Ordnung ist, sollten nicht vergessen werden, damit das Wasser durch Plankton wieder belebt wird.

Algen

Algen zählen zu den einfachsten Pflanzen, die – ein- oder mehrzellig – ein wichtiges Glied am Anfang der Nahrungskette bilden. Ohne sie gäbe es im Wasser keine höherentwickelten Lebewesen; sie spielen bei der Sauerstoffproduktion eine wichtige Rolle. Algen vermehren sich durch Sporen, die auch durch die Luft in jedes Gewässer gelangen: Finden sie günstige Voraussetzungen, vermehren sie sich oft explosionsartig. Viele bevorzugen kalkreiches Wasser mit einem PH-Wert von 8 bis 9; Nährstoffe, Licht und Wärme sind weitere wichtige Faktoren.

Algenblüte im Teich

Wird ein Teich im Frühjahr frisch befüllt, kommt es meist innerhalb weniger Tage oder Wochen zu einer dunkelgrünen Verfärbung des Wassers. An der Oberfläche bilden sich schaumige Bläschen; man sieht den Grund nicht mehr. So unappetitlich das Ganze auch aussieht und so schnell die Algen gewachsen sind, so schnell verschwinden sie wieder. Übrig bleibt nur ein feiner, brauner Mulm am Teichgrund. Die Algen haben die im Wasser befindlichen Nährstoffe verbraucht und sterben ab, Unterwasser- und Röhrichtpflanzen nehmen die freigewordenen Nährstoffe auf, sie bilden die wichtigste Konkurrenz zu den Algen. Schwebealgen werden zusätzlich vom Plankton eliminiert, das sich im frisch befüllten Teich ebenfalls erst vermehren muß. Jahr für Jahr wiederholen sich diese Prozesse – am auffälligsten im Frühling.

Besteht Gefahr für Wasserbewohner?

Nur wenn sich starkes Algenwachstum über längere Zeit hinzieht, besteht Gefahr für Pflanzen und Tiere: Schwimmende Algenteppiche nehmen anderen Wasserbewohnern Licht und Wärme weg, außerdem kommt es oft zur Sauerstoffzehrung. Dann sollten Maßnahmen ergriffen werden.

Verbreitete Algenarten

Zu den verbreitetsten Grünalgen gehört die **Schraubenalge** *(Spirogyra)* – sie bildet oft dichte Bestände, wie grüne Watte, und zeigt sehr gute Wasserqualität an. Ähnlich ist ihr die ebenfalls fadenförmige **Schlauchalge** *(Vaucheria)*, die sich etwas rauher anfühlt und meist leuchtend hellgrün ist.

Kugelalgen *(Volvox)* treten in so großen Mengen auf, daß das Wasser trüb erscheint. **Zieralgen** finden sich sowohl im freien Wasser als auch auf Pflanzen und am Teichgrund. Sie bevorzugen saure Gewässer und stehen den **Kieselalgen** sehr nahe, die zu

133

Welche Probleme können auftreten?

den **Gelbgrünen Algen** zählen. (Das grüne Chlorophyll ist von einem gelben Farbstoff überlagert.) Fallen sie in Teichen und Tümpeln als Trübung oder Aufwuchs auf, so zeigen sie ihre wahre Schönheit doch erst unter dem Mikroskop.

Seltener treten **Rotalgen** auf, bei denen das Chlorophyll von einem roten Farbstoff überlagert ist. Die bekannteste ist die **Froschlaichalge,** die einem Froschlaich ähnelt.

Die **Blaugrünen Algen** zeigen sich in sehr nährstoffreichen Gewässern, im Sommer oft als Algenblüte; manche Vertreter sind sogar giftig.

Wichtig: Algen sind ein natürlicher Bestandteil eines jeden Gewässers. Erst wenn sie in großen Mengen auftreten und nicht mehr verschwinden, sollten Maßnahmen ergriffen werden. Die meisten Arten sind harmlos und haben eine wichtige Funktion bei der Produktion von Sauerstoff. Häufig werden bei großen Algenvorkommen gute Wasserwerte gemessen, da die Nährstoffe in den Algen gespeichert sind.

Wenn in Ihrem Teich eine Algenplage auftritt, überprüfen Sie folgende Punkte:

- Gelangt an irgendeiner Stelle Oberflächenwasser in den Teich?
- Ist die Folie am Teichrand oder bei einem Wasserfall schlecht verarbeitet und wird Humus eingeschwemmt?
- Sind genügend Tauchpflanzen vorhanden?
- Befinden sich diese Tauchpflanzen in Tiefen ab 100 cm?
- Sind genügend Sumpf- und Röhrichtpflanzen entwickelt?
- Wurde Humus oder womöglich gedüngter Lehm als Substrat im Teich verwendet?
- Wie hoch liegt der pH-Wert? (Achtung: Dieser schwankt sowohl zu den verschiedenen Tageszeiten als auch in den Wasserschichten – er sollte zwischen 6,5 und 8,5 liegen.)
- Wie hoch ist die Gesamthärte?
- Wie hoch ist der Nitratgehalt?
- Wie hoch ist der Phosphatgehalt?
- Lassen Sie alljährlich von einem befugten Institut (siehe Anhang) eine Wasseranalyse durchführen.

Algenbekämpfung

Nachsetzen von Tauchpflanzen als Nährstoffkonkurrenz

Vielleicht haben Sie beobachtet, daß eine bestimmte Sorte von Tauchpflanzen in Ihrem Teich besonders gut gedeiht. Versuchen Sie, diese Pflanzen zu verbreiten, oder kaufen Sie weitere nach. Da das Einpflanzen in befüllte Teiche meist schwierig ist, probieren Sie auch die Möglichkeit, Pflanzkörbe von ca. 20 x 20 cm vorzubereiten und fünf Bund hineinzusetzen. Diese Körbe können Sie dann im Teich versenken oder in den Kies eingraben. *Hornkraut* und *Chara* können sogar im Schwimmbereich versenkt werden. Wächst das Hornkraut zu üppig, wird es einfach mit einem Rechen entfernt, denn diese hervorragende Klärpflanze hat keine Wurzeln. Mit dem Herausfischen von

Welche Probleme können auftreten?

Pflanzen entfernen Sie aus dem Teich Nährstoffe. Ist ein Teich schlecht geplant, und sind dadurch zuwenig Pflanzzonen vorhanden, können spezielle Vliesflächen mit aufgenähten Pflanztaschen an steilen Stellen im Teich montiert werden. In diese kommen Substrat und je ein Bündel Pflanzen; meist ist nach einem Jahr schon ein hervorragendes Pflanzenwachstum zu beobachten.

Säuerung des Wassers

Die meisten Algen gedeihen in leicht saurem Wasser nicht. Daher besteht eine Möglichkeit der Algenbekämpfung darin, das Wasser mit einem speziellen Torfkonzentrat anzusäuern. Auf eine Menge von 100 m³ Wasser wird ein Kanister mit 5 l Torfkonzentrat mittels Spritzkruges verteilt. Das Wasser verfärbt sich dadurch leicht gelblich, was aber nicht schadet. Es kann auch Schwarztorf in Säcken in den Teich gehängt werden, doch ist größte Vorsicht geboten, da er manchmal gedüngt ist – und dies hätte dann den gegenteiligen Effekt. Außerdem sollten Sie darauf achten, daß solche Säcke nicht länger als vier Wochen im Wasser bleiben, da es womöglich zu Fäulnisprozessen kommen könnte. Auf den Einsatz konzentrierter Säuren sollte möglichst verzichtet werden, da dadurch unweigerlich Zooplankton zu Schaden käme.

Gerstenstroh

Gute Erfolge werden auch mit Gerstenstroh erzielt, so es richtig verwendet wird. Das Stroh muß von einem Biobauern oder von einem Fachbetrieb bezogen werden, damit keine Rückstände von Düngemitteln, Insektiziden oder Pestiziden das Wasser verderben. Auf 1.000 l Wasser werden ca. 50 bis 100 g Stroh in spezielle Netze gefüllt und im Teich versenkt. Noch bessere Ergebnisse sind bekannt, wenn Wasser über das Stroh läuft – das Stroh kann im Bachlauf oder Wasserfall befestigt werden.

Wichtig: Nach spätestens vier Wochen muß das Stroh wieder dem Teich entnommen werden, da es sonst zu Fäulnisprozessen oder zu einer Massenvermehrung von Infusorien (Einzellern) kommt!

Buchenholz und Schilf

Ähnliche Erfolge wie mit Gerstenstroh wurden auch mit Buchenholz, Buchenholzscheiten, aber auch mit getrocknetem Schilf erzielt. Vermutlich hängt der Erfolg mit einer Substanz zusammen, die von den Algen nicht vertragen wird.

Zeolith

Dieses sehr feinporige, vulkanische Tonmineral wird seit einigen Jahren zur Algenbekämpfung in Teichen und Schwimmteichen eingesetzt. Es kommt unter verschiedenen Markennamen in den Handel, z.B. *Aqua-Superton, Aquatop* etc.

135

Welche Probleme können auftreten?

Das kiesähnliche Mineral wird als Filtermaterial verwendet oder großflächig im Teich eingebracht. Dabei ist zu beachten, daß es mit einer dünnen Kiesschicht abgedeckt wird, damit die gespeicherten Nährstoffe unter Lichteinfluß nicht erst recht wieder Algenbildung verursachen. In die Kiesschicht sollten Tauchpflanzen gesetzt werden, die auch mit ihren Wurzeln Nährstoffe aufnehmen.

Auf 1 m^3 Wasser wird etwa 1 kg Zeolith gerechnet. Besonders bei zu eisenhältigem Wasser gibt es gute Erfolge, da Zeolith zuallererst dem Wasser Eisen entzieht. Darin liegt auch eine gewisse Gefahr, wenn zuviel von diesem Mineral eingebracht wird: Eisen in einer bestimmten gelösten Form ist ein wichtiger Dünger für Pflanzen. Fallweise ist daher ein Verkümmern, besonders von Tauchpflanzen, zu bemerken; diese sind dem Zeolith aber auf jeden Fall vorzuziehen.

Bakterien

Vor allem aus den USA und Japan kommen Bakterienkonzentrate, die gegen Algen im Teich wirken; sie sind in flüssiger und in Pulverform erhältlich. Teilweise handelt es sich dabei um natürliche Mikroorganismen, die intakten Gewässern entnommen wurden.

Versuche, die wir seit zwei Jahren durchführen, zeigen tatsächlich positive Wirkung. Ab einer Wassertemperatur von 12–15° C können die Bakterien in konzentrierter Form in den Teich eingebracht werden. Am besten ist es, wenn dies im März oder April geschieht, noch bevor die volle Algenblüte einsetzt. Sie vermehren sich unter günstigen Bedingungen (Wärme, Nährstoffe) milliardenfach. Sie nehmen Schadstoffe, wie Ammonium, Nitrit und Phosphat, auf und machen sie durch Oxidation unschädlich. Organische Materialien werden in pflanzenverfügbare Nährstoffe zerlegt. Submerse (unter Wasser lebende) Pflanzen können diese aufgeschlossenen/mineralisierten Nährstoffe aufnehmen. Eine wichtige Voraussetzung, daß Mikroorganismen „greifen", ist eine intakte Bepflanzung. Auch andere Mittel gegen Algen haben langfristig nur Erfolg, wenn im Teich ein biologisches Gleichgewicht vorhanden ist.

Chemische Mittel

Im Handel werden auch Mittel gegen Algen angeboten, von denen eher abzuraten ist. Es handelt sich zum Teil um chemische Substanzen, die den im Wasser befindlichen Lebewesen, einschließlich der Pflanzen, nicht gerade zuträglich sind. Außerdem wirken sie meist nur kurzfristig; sie töten die Algen zwar ab, die freigewordenen Nährstoffe sind aber gleich wieder „Futter" für die nächste Algengeneration. Manche dieser Mittel färben das Wasser dunkelgrün oder blau. Durch den geringeren Lichteinfall soll das Algenwachstum gedämpft werden. Aber auch die wichtigen Tauchpflanzen erhalten weniger Licht und leiden oft zusätzlich unter der chemischen Substanz. Manche Menschen kommen auf die „chlorreiche" Idee und geben Substanzen in den Teich, die normalerweise in den Swimmingpool gehören. Das Ergebnis ist meist nach wenigen Tagen sichtbar: Zooplankton stirbt ab, das Wasser wird trüb, die Pflanzen werden

136

braun und beginnen zu faulen. Fazit: Chemische Mittel haben im Teich nichts zu suchen!

> **Wichtig:** *Sie sollten akzeptieren, daß Algen in gewissem Maße dazugehören und auch eine wesentliche Aufgabe in Gewässern erfüllen. Besonders im Frühjahr, wenn die höheren Pflanzen noch nicht voll aktiv sind, werden Algen manchmal überhandnehmen. Hysterie ist nicht angebracht, sondern Geduld und Abwarten; nach einigen Wochen verschwinden die Algen von selbst, die frei werdenden Nährstoffe stehen anderen Wasserpflanzen zur Verfügung. In hartnäckigen Fällen sollte von einem Fachmann eine Wasseranalyse durchgeführt werden. Diesbezügliche Adressen finden Sie im Anhang.*

Fische

In einem Schwimmteich haben Fische nichts verloren; wenn sie sich in einem Gartenteich zu sehr vermehren, was vor allem bei Goldfischen leicht passieren kann, kommt es schnell zu einer Beeinträchtigung des Wassers. Die Fischbrut frißt das Zooplankton und scheidet Kot aus, Wassertrübung und Algen sind das Resultat. Manchmal werden Fische auch von Wasservögeln eingeschleppt, an deren Gefieder der Laich haftet. Die ungebetenen Gäste sind mitunter nur mehr schwer loszuwerden, da sie mit Netzen kaum zu erwischen sind. Am besten ist es, in einer kühlen Jahreszeit Forellen in verschiedenen Größen einzusetzen. Diese dezimieren den Jungfischbestand rasch und werden dann mit einem Angelhaken oder Blinker herausgefischt. Achten Sie darauf, daß auch Forellen bei 4° C ihre Aktivitäten einstellen und nichts mehr fressen. Spätestens im März sollten sie auf jeden Fall aus dem Teich entfernt werden, da sie sonst Kaulquappen fressen würden, die wiederum für die Algenreduktion wichtig sind. Hechte erfüllen denselben Zweck wie Forellen, jedoch ist Vorsicht geboten, da sie sich ohne weiteres in einem Schwimmteich halten und vermehren würden.

Bisamratten

Die schon genannten *Bisamratten* sind auch im Folienteich sehr unangenehme Besucher. Sie fressen Pflanzen, wühlen den Grund auf und nagen nicht selten ein Loch in die Folie, um dahinter einen Gang anzulegen, der in ein behagliches Nest über dem Wasserspiegel führt. Zwar tauchen diese Tiere in Folienteichen eher selten auf, wenn sie aber gesichtet werden, ist höchste Alarmstufe: Diese Nager rotten in wenigen Tagen ganze Bestände von Seerosen, Seekannen, Rohrkolben, Hechtkraut, Pfeilkraut u.a. Pflanzen aus. Da die Tiere bei uns keine natürlichen Feinde haben (Wolf, Kojote, Adler etc.), müssen sie mit Fallen gefangen werden – am besten setzen Sie sich mit einem Jäger in Verbindung. Besonders gerne nisten sich die Nager unter Stegen und Liegeflächen ein, abgebissene und umherschwimmende Pflanzenteile deuten darauf hin.

So schnell, wie Algen auftreten, verschwinden sie meist wieder

Beim Abdecken des Teiches mit einem Laubschutznetz muß oft improvisiert werden

Wasservögel

Auch *Wildenten* können an einem Teich große Schäden anrichten. Sie fressen gerne Wasserpflanzen und setzen ihren Kot im Wasser ab. Am besten spannt man Drähte kreuz und quer über den Teich oder befestigt ein aufblasbares Tier in möglichst grellen Farben oder ähnliches in der Teichmitte.

Wenn sie einen Teich regelmäßig aufsuchen, kann das Wasser bald eine stinkende Brühe sein. Die Gefahr von Krankheitskeimen ist gegeben, vor allem Typhus- oder Paratyphuserreger können auftreten. Aus diesem Grunde sollte bei starker Wasserverunreinigung eine chemische Analyse und ein bakterieller Befund von einem Labor erstellt werden. Hysterie ist jedoch nicht angebracht, da vor allem klares und sauerstoffreiches Wasser kein optimales Nährmedium für Krankheitserreger ist. Erst wenn verdorbenes Wasser zur Zubereitung von leicht verderblichen Speisen verwendet wird, in denen Bakterien die Möglichkeit zur Vermehrung haben, kann es zum Ausbruch einer Krankheit kommen. Die frühere Auffassung *„den Typhus trinkt man"* trifft im allgemeinen nicht zu (Karl Höll, Wasser – Bakteriologie des Wassers – de Gruyter Verlag).

WARTUNG UND PFLEGE

Damit ein Biotop, Garten- oder Schwimmteich längere Zeit intakt bleibt, sind gewisse Pflegemaßnahmen sowie eine Wartung der technischen Geräte und der Anlage notwendig.

Teichzubehör

Zur Pflege Ihres Teiches sollten Sie sich einen oder mehrere **Kescher** zulegen.

Laub, das sich am Teichgrund gesammelt hat, fischen Sie am besten mit einem Kescher mit größerer Maschenweite ab, auch Kröten, die am Grunde eines Schwimmteiches überwintert haben, werden damit herausgefischt. Je nach Teichgröße und Wassertiefe sollte die Stange des Keschers zu verlängern sein – im Handel werden Teleskopstangen angeboten, die beispielsweise von 2,40 m auf 4,80 m zu verlängern sind. Mit etwas Geschick können verschiedene Aufsätze montiert werden. Zum Abfischen von schwimmendem Laub eignet sich z.B. ein möglichst breiter Kescher mit schmaler, länglicher Öffnung, zum Abfischen von Algen sind kleine runde Kescher mit 20–25 cm Durchmesser und feiner Maschenweite günstig.

Wenn die Wasseroberfläche eines großen Teiches von schwimmenden Fadenalgen bedeckt ist, können diese mit Hilfe eines grünen **Gerüstschutznetzes** leicht und rasch abgefischt werden. Das 1–2 m breite Netz in beliebiger Länge kann von zwei Personen durch den ganzen Teich gezogen werden – mit ein bis zwei Zügen sind die meisten Algen entfernt. Bei Schwimmteichen können schwimmende Holzlatten an zwei Schnüren langsam über die Wasseroberfläche gezogen werden – auch so sammelt man die Algen an einer Stelle, wo man sie bequem abfischen kann.

Zum Abschneiden von dürren Pflanzen und abgestorbenen Seerosenblättern kann eine **Sichel** mit einem Klebeband an einem beliebig langen Holzstab befestigt werden, damit können vom Ufer aus die Pflegearbeiten durchgeführt werden. Die abgeschnittenen, schwimmenden Pflanzenreste werden mit dem Kescher abgefischt. Für festere Stengel gibt es im Handel eine spezielle Schere, die an einer langen Stange mit Schnurzug zu betätigen ist.

Im Frühjahr können die dürren Stengel von Röhrichtpflanzen ohne weiteres mit der **Sense** abgeschnitten werden – auch Unterwasserpflanzen, wenn sie zu üppig wachsen. Zum Entfernen dieser abgeschnittenen Biomasse leistet ein Rechen gute Dienste.

Zum Absaugen von feinem Schlamm aus dem Schwimmbereich gibt es spezielle **Biotopabsauger**, die auch für den Dauerbetrieb eines Wasserfalles geeignet sind.

Wenn sie genauere Beobachtungen von Lebewesen aus dem Teich anstellen wollen, sollten Sie sich ein **Aquarium** und ein **Mikroskop** zulegen. Mit einem „feinen" Kescher werden Kleinorganismen aus dem Teich gefischt, im Aquarium oder unter dem Mikroskop beobachtet und bestimmt.

Zur Überprüfung der Wasserqualität gibt es von einschlägigen Firmen preisgünstige **Testsets**, mit denen einfache Untersuchungen durchgeführt werden können.

Regelmäßige Wartungsarbeiten

Umwälzpumpen, Beleuchtungen, Filteranlagen und **Oberflächenabsaugungen** müssen regelmäßig gereinigt und gewartet werden. Dabei sind vor allem die Hinweise des Herstellers zu beachten. Wenn Sie längere Zeit wegfahren, ist es besser, technische Anlagen überhaupt abzuschalten, damit es zu keinen Schäden kommt.

Der **Randabschluß** des Teiches sollte mehrmals jährlich überprüft werden. Es könnte an einer Stelle Oberflächenwasser oder Humus in den Teich eingeschwemmt werden – vor allem nach dem Winter gibt es manchmal Frostschäden beim betonierten Randabschluß.

Stege und Brücken sollten ebenfalls von Zeit zu Zeit kontrolliert werden, damit es zu keinem Unfall kommt, wenn ein morsches Brett betreten wird.

Werkzeug, Kescher und **Netze** sollen stets sauber und trocken aufbewahrt werden.

Pflege von Biotopen

Bei Biotopen wird sich die Zeit, die für deren Pflege aufgewendet werden muß, sehr in Grenzen halten; sie bleiben weitgehend sich selbst überlassen. Lediglich wenn die Wasserfläche zu verlanden droht, müssen Pflanzen und organisches Material ausgeräumt werden. Wenn eine Pflanzenart völlig überhandnimmt und alle anderen zu ersticken droht, sollte ebenfalls eingegriffen werden. Ob Wasser nachgefüllt wird, wenn die Austrocknung des Biotops droht, bleibt der Einschätzung des Besitzers überlassen – unter Umständen ist es für Laubfrösche sogar wichtig, daß Libellenlarven, Gelbrandkäferlarven etc. zeitweise durch Frost oder Trockenheit dezimiert werden. Die Austrocknung darf allerdings nicht dazu führen, daß auch Pflanzen eingehen.

Pflege des Gartenteiches

Bei einem Gartenteich sind die Pflegemaßnahmen schon etwas aufwendiger. Im Frühjahr sollte der gesamte Teich von organischem Material (Laub, abgestorbenen Pflanzen etc.) gesäubert werden. Die Stengel von Röhrichtpflanzen, die den Winter über wegen des Luft-Gas-Austausches stehengeblieben sind, werden nun unter der Wasseroberfläche abgeschnitten. Dabei müssen Sie darauf achten, daß die frischen Triebe nicht ebenfalls gekappt werden. Dasselbe gilt für Tauchpflanzen – sie sollten ebenfalls abgeschnitten werden, um sie zu neuem Wachstum anzuregen. Falls sich Laub und Schlamm am Teichgrund gesammelt haben, wird mit Rechen und Kescher soviel wie möglich entfernt; der Rest kann mit einem Biotop-Absauger herausgepumpt werden. Dabei sollte der Teich nicht mehr als ein Drittel der Wassermenge verlieren.

> **Wichtig:** *Vorher unbedingt mit dem Kescher versuchen, Kröten, Frösche und Molche, die im Schlamm überwintert haben, herauszufischen!*

Wartung und Pflege

Nach dem Winter hat sich vielleicht an manchen Stellen die Folie gesenkt oder der Beton ist beschädigt. Der Teichrand und besonders die Ränder von Wasserfällen und Bachläufen müssen jährlich überprüft und gewartet werden. Labile Stellen eventuell mit Beton und größeren Steinen fixieren!

Bevor **Pumpen** und **Filter** eingebaut bzw. wieder in Betrieb genommen werden, ist deren Reinigung und Überprüfung ratsam, dasselbe gilt auch für Unterwasserscheinwerfer und Beleuchtungen über Wasser. Im Frühjahr ist eine Wasserumwälzung am wichtigsten, da es zu einer Sauerstoffzehrung durch Schlamm, Algen und Bakterien kommen kann. Allerdings sollte eine Pumpe nicht allzu stark sein; es genügt, wenn die Hälfte des Teiches in 24 Stunden umgewälzt wird. Bei zu großer Leistung der Pumpe kann es zum Verschwinden des wichtigen Zooplanktons kommen – besser ist daher ein Dauerbetrieb mit schwacher Leistung.

Im **März** kann vorbeugend ein Mittel gegen Algen eingebracht werden, die sich im **April** und **Mai** zumeist einstellen. Wenn es soweit ist, daß Algen an der Oberfläche schwimmen, sollten sie keinesfalls täglich abgefischt werden, sondern nur ein- bis zweimal pro Woche. Fadenalgen, die am Teichgrund wachsen, haben in dieser Zeit eine wichtige Funktion: Sie produzieren Sauerstoff und binden Nährstoffe. Daher sollte nicht versucht werden, sie „auszurotten".

Wie schon erwähnt, verschwinden sie von selbst, wenn die Nährstoffkonkurrenz in Form von höheren Pflanzen mehr und mehr zunimmt.

Ab **Juni** kommt es manchmal zu starker Verdunstung, 2–10 mm pro Tag sind möglich, je nachdem, wie stark die Pflanzen entwickelt sind, die über ihre Spaltöffnungen ständig feinen Wasserdunst abgeben. Auch warmer Wind und direkte Sonneneinstrahlung spielen eine Rolle. Es kann daher von der Regentraufe Wasser zugeleitet werden; allerdings erst, nachdem es eine halbe Stunde lang geregnet hat, damit nicht Ruß und Staub aus der Luft im Teich landen. Es kann aber auch ein Kies- oder Sandfilter vorgeschaltet werden: Über ein Gerinne von ca. 30 x 30 cm im Querschnitt, das zur Gänze mit Kies und Sand aufgefüllt ist, gelangt das Regenwasser gereinigt in den Teich. Etwa alle fünf Jahre sollte das Filtermaterial ausgewechselt werden; ist das Gerinne kürzer als 2 m, etwas öfter. Regenwasser ist einer Nachbefüllung aus dem Brunnen oder aus der Wasserleitung vorzuziehen, da es sonst wieder zu einem Kalk- und Nährstoffeintrag kommt, was unweigerlich Algenbildung zur Folge hätte. Wenn der Teich allerdings zu warm wird, nämlich über 28° C, kann doch kaltes Wasser zugeleitet werden, vor allem, wenn es gute Qualität aufweist.

Sonst ist der **Sommer** jene Jahreszeit, die Sie am meisten genießen werden: Seerosen, Sumpf- und Wasserpflanzen blühen in allen Farben und erfreuen die Betrachter. Vielleicht müssen zwischendurch einmal Blütenstaub oder Samen von Bäumen abgefischt oder abgeschwemmt werden (den Teichrand an einer Stelle absenken und mit dem Wasserschlauch eine Oberflächenströmung in diese Richtung erzeugen).

Ab **September** gibt es wieder etwas zu tun: Laub wird herausgefischt, das eine oder andere braune Seerosenblatt entfernt. Ende des Monats wird eventuell ein Netz gespannt, damit nicht zuviel Blätter von Bäumen und Büschen in den Teich gelangen. Dieses Netz sollte unbedingt feinmaschig sein – mit einer Maschenweite von ca. 5–10 mm, damit auch kleine Blätter, Nadeln und Samen abgehalten werden. Es wird zeltartig in

142

etwa 1,2 m Höhe über dem Teich verspannt und am Rand mit runden Steinen oder Holzklötzen beschwert, wobei diese ein wenig eingewickelt werden. Laub fällt auf das Netz und wird vom Wind wieder heruntergeweht, meist bleibt es am Rand des Netzes liegen. Dieses muß wirklich dicht sein, denn das meiste Laub wird am Boden umhergewirbelt. Außerdem können sich dann keine Vögel unter das Netz verirren.

Wichtig: Keinesfalls sollte das Netz nur knapp oberhalb der Wasseroberfläche gespannt sein oder auf dieser aufliegen, da es sonst zu einem Effekt kommt wie bei einem Teeseiherl: Nähr- und Farbstoffe werden ausgelaugt, und das Wasser wird damit angereichert. Röhrichtpflanzen unbedingt stehen lassen, damit Gas aus dem Teich durch die Stengel entweichen kann.

Der Teich im Winter

Im Winter sollte das Netz spätestens vor dem ersten Schneefall abgenommen werden; meist ist es aber schon soweit, wenn die umliegenden Bäume ihr Laub verloren haben. Nun wird der Teich bald zufrieren, was für Pflanzen und Tiere meist kein Problem darstellt. Überwintern Fische, Schildkröten oder heikle Pflanzen, kann unter die 2–3 cm dicke Eisdecke Luft gepumpt werden (mit einer Aquariumpumpe oder einem Kompressor); der Teich wird nicht mehr viel weiter zufrieren, es bilden sich „Luftinseln", die dies verhindern. Eine weitere Möglichkeit besteht darin, einen Eisfreihalter aus Styrodur auf die Wasseroberfläche zu legen. Keinesfalls sollte mit heißem Wasser oder mit einem Pickel eine bestehende Eisdecke zerstört werden: Die Druckverhältnisse würden sich im Teich ändern und Tiere, die ansonsten ganz normal überwintert hätten, da sie ja auch darauf eingestellt sind, könnten zugrunde gehen. Auch eine Beheizung und Belüftung den ganzen Winter hindurch ist nicht unbedingt eine sehr ökologische Lösung. Vertretbar wären diese Maßnahmen nur bei einem großen Fischbesatz oder wenn exotische Tiere im Teich überwintern sollen.

Wichtig: Es ist sehr verlockend, Röhrichtpflanzen im Winter mit einer Schneeschaufel oder einer Gartenschere abzuschneiden, da man sie gut erreichen kann. Das sollte auf jeden Fall unterlassen werden, da sonst der Luft-Gas-Austausch unterbrochen ist: Methan könnte sich unter der Eisdecke sammeln und das Wasser vergiften.
Außerdem schmilzt rund um die Stengel der Pflanzen das Wasser rascher, so daß eine weitere Verbindung zur Luft hergestellt ist.

Pflege des Schwimmteiches

Weitgehend ist sie genauso zu betreiben wie bei einem Gartenteich. Da die Pflanzzonen jedoch meist ausgedehnter sind, ist die Pflege manchmal schwieriger. Sie können jedoch eine scharfe Sichel an einer etwa 2,5 m langen Stange mit Gewebeband befesti-

Wartung und Pflege

gen und damit die Pflanzen abschneiden; auch eine Sense kann mit Vorsicht für diesen Zweck verwendet werden. Die schwimmenden Pflanzenteile werden dann mit einem Kescher abgefischt. Dieser sollte eine Teleskopstange haben, die von etwa 2,4 auf 4,8 m ausziehbar ist, damit möglichst jede Stelle der Teichoberfläche und des Teichgrundes erreicht werden kann. Wie beim Gartenteich wird soviel organische Masse als möglich aus dem Wasser entfernt, wobei darauf geachtet werden muß, daß Pflanzen nicht ausgerissen werden. Ein kräftiges Zurückstutzen schadet aber nicht.

Das **Absaugen des Grundes** sollte, wenn nötig, im April oder Mai kurz vor Eröffnung der Badesaison erfolgen. Für diesen Zweck gibt es spezielle Biotopabsauger: Eine Ansaugpumpe steht außerhalb des Teiches, eine Saugbürste und der Ansaugschlauch werden an der Teleskopstange befestigt. So kann feiner Schlamm vom Teichgrund und von den Wänden wie mit einem Staubsauger entfernt werden. Der Teich wird bei dieser Prozedur etwa 10 cm Wasser verlieren, das auf die Wiese oder in den Kanal abgeleitet wird. Einen Tag zuvor kann mit einem Besen oder auch mit dem Wasserschlauch Schlamm aus dem Pflanzbereich und aus den Steinen in die tiefste Stelle befördert werden. Dies ist jedoch ein etwas mühseliges Unterfangen, auch wird das Wasser ziemlich trüb dabei.

> *Wichtig: Bevor abgesaugt wird, unbedingt mit dem Kescher grobes Material und eventuell Kröten und Frösche herausfischen! Nicht zu oft absaugen, da der feine Schlamm seine Bedeutung für das biologische Gleichgewicht des Teiches hat.*

Ist der Teich sehr stark mit Schlamm, Blättern und organischem Material verunreinigt, muß mit einer stärkeren Pumpe abgesaugt werden, wie sie von einschlägigen Firmen angeboten werden. Diese Pumpen reißen sogar Steine bis 2 cm durch, allerdings ist der Wasserverlust meist groß. Es kann überlegt werden, ob es nicht günstiger ist, den Teich gleich abzulassen und eine Generalreinigung durchzuführen. Bei einem Schwimmteich von 150 m^2 wird z.B. am Abend zuvor eine starke Tauchpumpe mit Schwimmer in den Teich gehängt. Am nächsten Morgen ist er leer. Zwei Personen sind ca. einen Tag mit der Reinigung beschäftigt; am Abend kann schon wieder Wasser eingelassen werden.

Diese Maßnahme ist empfehlenswert, wenn das Wasser nicht viel kostet, sie sollte aber nicht jedes Jahr durchgeführt werden. Auf jeden Fall ist darauf zu achten, daß mehrere Wannen und Kübel für Plankton bereitgestellt werden (an kühler und schattiger Stelle), damit der Teich nach der Wiederbefüllung wieder belebt werden kann.

Im **Sommer** ist die Pflege des Schwimmteiches eigentlich ein Vergnügen: Hin und wieder schwimmt man zu den Seerosen, um braune Blätter und Knospen zu entfernen oder watteähnliche Fadenalgen aufzuwickeln. Versuchen Sie nicht, den Teich „klinisch sauber" zu halten, das wirkt sich meist negativ auf die Wasserqualität aus. Zum Beispiel werden bei zu häufigem Absaugen der wichtige „biologische Rasen" zerstört und Plankton entfernt. Denken Sie daran, daß auch in einem See Schwebestoffe aufgewirbelt werden, wenn man hineingeht – das ist weiters kein Schaden.

Pflegetips im Jahresverlauf

Januar: Schützen Sie die Röhrichtpflanzen mit Holzpfosten, wenn der Teich zum Eislaufen oder zum Eisstockschießen genützt wird.
Überprüfen Sie, ob abgebissene Pflanzenteile umherschwimmen, falls der Teich nicht zugefroren ist – dies würde auf Bisamratten hindeuten.

Februar: Stellen Sie fest, ob am Teichgrund eventuell Kröten umherkriechen, die dort überwintert haben und seichtere Zonen zum Ablaichen erreichen wollen. Fischen Sie die Tiere mit einem Kescher heraus, da sie sonst absterben könnten.

März: Entfernen Sie Laub und abgestorbene Pflanzen aus dem Teich; nun können auch die Röhrichtpflanzen geschnitten werden. Wenn notwendig, Mittel gegen Algen einsetzen.

April: Eventuell Schlamm absaugen, Renovierungsarbeiten oder Generalsanierungen vornehmen, da die Pflanzen bereits sichtbar sind, aber noch nicht voll ausgetrieben haben.

Mai: Algen ein- bis zweimal pro Woche oberflächlich abfischen, bzw. Fadenalgen mit einem rauhen Holzstab aufwickeln.

Juni: Öfter mal Biomasse aus dem Teich entfernen (abgestorbene Pflanzen, aber auch stark wuchernde lebende Fadenalgen etc.).

Juli: Überprüfen Sie, ob genügend Zooplankton im Wasser ist. Einfach einen weißen Porzellanteller in 50 cm Tiefe halten und beobachten, was sich darüber bewegt.

August: Manchmal tritt plötzlich eine Trübung des Wassers ein; keine Maßnahme ergreifen – das ist im Sommer völlig normal.

September: Unterwasserpflanzen um zwei Drittel zurückschneiden, abgestorbene Pflanzenteile entfernen.

Oktober: Alle Pflanzen, die braun werden und im Wasser faulen würden, entfernen, Röhrichtpflanzen stehen lassen! Laubschutznetz spannen.

November: Überprüfen, ob der Teichrand stabil ist und kein Oberflächenwasser hineingelangt.

Dezember: Netz vor dem ersten Schneefall abnehmen. Besteht eine Eisfläche, sollte sie manchmal vom Laub gesäubert werden. Keinesfalls das Eis aufhacken oder auftauen!

KOSTEN- UND ARBEITSAUFWAND

Mit einigen Beispielen aus der Praxis soll in der Folge dargestellt werden, mit welchem Zeit- und Kostenaufwand bei Biotopen, Garten- und Schwimmteichen gerechnet werden muß. Je nachdem, welcher Untergrund bearbeitet wird (und wie die sonstigen Gegebenheiten sind), muß mit mehr oder weniger Arbeitsaufwand gerechnet werden.

Biotope

Biotop – 5 m² Wasseroberfläche – Eigenbau
Aushubmaterial kann meist als Substrat verwendet werden.

Grabarbeiten:	3–4 Stunden
Restarbeiten:	4–6 Stunden
Vlies ca. 8 m²:	öS 210,– (DM 30,–)
Folie ca. 8 m²:	öS 840,– bis 1.260,– (DM 120,– bis 180,–)
Pflanzen:	öS 700,– bis 1.050,– (DM 100,– bis 150,–)
Gestaltung durch eine Firma:	ca. öS 6.300,– (ca. DM 900,–)

Biotop – 20 m² Wasseroberfläche – Eigenbau

Grabarbeiten:	10–15 Stunden
Restarbeiten:	15–25 Stunden
Vlies ca. 30 m²:	öS 770,– (DM 110,–)
Folie ca. 30 m²:	öS 2.800,– bis 4.200,– (DM 400,– bis 600,–)
Pflanzen:	öS 1.750,– bis 2.800,– (DM 250,– bis 400,–)
Gestaltung durch eine Firma:	ca. öS 21.000,– (ca. DM 3.000,–)

Biotop – 50 m² Wasseroberfläche

Baggerung:	4–6 Stunden
Restarbeiten:	25–35 Stunden
Vlies ca. 80 m²:	öS 2.030,– (DM 290,–)
Folie ca. 80 m²:	öS 8.400,– bis 12.600,– (DM 1.200,– bis 1.800,–)
Pflanzen:	öS 3.500,– bis 4.900,– (DM 500,– bis 700,–)
Gestaltung durch eine Firma:	ca. öS 45.000,– (ca. DM 6.500,–)

Bei der Gestaltung durch Fachfirmen können größere Preisdifferenzen auftreten, unter anderem kommt es auf folgendes an:
- Wie ist die Zufahrt zum Gelände?
- Welcher Aushub ist zu bewältigen?
- Welche Abdichtung (Folie) wird verwendet?
- Wie detailliert wird die Teicheinrichtung gestaltet?
- Wie viele Pflanzen werden gesetzt?

Gartenteiche

Gartenteich – 5 m² Wasseroberfläche

Grabarbeiten:	4–6 Stunden
Restarbeiten:	12–14 Stunden
Vlies ca. 10 m²:	öS 266,– (DM 38,–)
Folie ca. 10 m²:	öS 1.260,– bis 1.890,– (DM 180,– bis 270,–)
Pflanzen:	öS 700,– bis 1.400,– (DM 100,– bis 200,–)
Material:	öS 1.050,– (DM 150,–)
(Steine, Kies, Sand etc.) Pumpe:	öS 2.100,– (DM 300,–)
Gestaltung durch eine Firma:	ca. öS 11.900,– bis 17.500,– (ca. DM 1.700,– bis 2.500,–)

Gartenteich – 20 m² Wasseroberfläche

Baggerung:	4–5 Stunden
Restarbeiten:	25–35 Stunden
Vlies ca. 35 m²:	öS 910,– (DM 130,–)
Folie ca. 35 m²:	öS 4.200,– bis 6.300,– (DM 600,– bis 900,–)
Pflanzen:	öS 2.100,– bis 3.150,– (DM 300,– bis 450,–)
Material:	öS 4.200,– (DM 600,–)
(Steine, Kies, Sand etc.) Pumpe:	öS 4.200,– (DM 600,–)
Gestaltung durch eine Firma:	ca. öS 38.500,– bis 49.000,– (ca. DM 5.500,– bis 7.000,–)

Gartenteich – 80 m² Wasseroberfläche

Baggerung:	8–10 Stunden
Restarbeiten:	90–110 Stunden
Vlies ca. 130 m²:	öS 3.220,– (DM 460,–)
Folie ca. 130 m²:	öS 16.100,– bis 25.900,– (DM 2.300,– bis 3.700,–)
Pflanzen:	öS 10.500,– bis 14.000,– (DM 1.500,– bis 2.000,–)
Material:	öS 15.400,– (DM 2.200,–)
(Steine, Kies, Sand etc.) Pumpe:	öS 6.300,– (DM 900,–)
Gestaltung durch eine Firma:	ca. öS 112.000,– bis 140.000,– (ca. DM 16.000,– bis 20.000,–)

Bei Gartenteichen gibt es vielfältige Gestaltungsmöglichkeiten: es können größere Steine verwendet, Brücken oder Stege eingebaut, die Teicheinrichtung kann aufwendig oder einfach gestaltet werden – das alles schlägt sich im Preis nieder.

Bei Aufträgen an Fachfirmen sollte daher genauestens festgelegt werden, wie der Teich gestaltet wird.

Kosten- und Arbeitsaufwand

Schwimmteiche

Diese sollten auf jeden Fall mit Hilfe eines Fachmannes errichtet werden, Fehler können sich ansonsten als sehr teuer herausstellen. Die Folie kann in einer Stärke von 1,0 bis 1,2 mm in einem Stück bestellt werden. Bei einer Stärke von 1,5 mm muß sie vor Ort verlegt werden – das ist von der Arbeitsleistung her teurer – dafür kommt es zu einer Materialersparnis. Die Kosten für die Verlegung vor Ort liegen inklusive Vlies bei ca. öS 210,– bis 280,– (ca. DM 30,– bis 40,–) pro m², je nach Qualität der Folie.

Bei Betonbecken kostet die Verlegung etwa das Doppelte. Da es unglaublich viele Details in der Gestaltung gibt, sind sehr große Preisdifferenzen möglich.

Die angeführten Beispiele sollen lediglich Anhaltspunkte liefern.

Wichtig: Lassen Sie sich von Firmen Anlagen zeigen, die diese schon errichtet haben. Die Anlagen sollten mindestens drei Jahre alt sein – wenn möglich fünf Jahre oder älter. Im ersten und zweiten Jahr sind Schwimmteiche in den meisten Fällen sehr schön – erst nach längerer Belastung stellt sich heraus, ob ein „System" oder eine bestimmte Bauweise wirklich hält, was der Erbauer verspricht.

Kosten- und Arbeitsaufwand

Bauweise mit Teichsäcken – Oberfläche 100 m²

Beispiel: Bau eines Schwimmteiches in Bayern mit viel Eigenleistung

Konzeption/Koordination/Baggeraufsicht		ca. öS 15.500,–	ca. DM 2.200,–
Baggerung		ca. öS 10.500,–	ca. DM 1.500,–
Planierarbeiten	Eigenleistung	ca. 8 Stunden	
Sandbett einbringen	Eigenleistung	ca. 8 Stunden	
Gewebeverstärkte Folie			
1,5 mm, ca. 180 m²		ca. öS 32.500,–	ca. DM 4.700,–
Ca. 180 m² Vlies		ca. öS 4.340,–	ca. DM 620,–
Ca. 100 Teichsäcke		ca. öS 6.300,–	ca. DM 900,–
Teichsäcke füllen	Eigenleistung	ca. 12 Stunden	
Teichsäcke verlegen	teilw. Eigenleistung	ca. 40 Stunden	
Einstieg gestalten	teilw. Eigenleistung	ca. 10 Stunden	
Substrat, Kies einbringen	teilw. Eigenleistung	ca. 80 Stunden	
Schotter-, Kies- u.			
Sandmaterial		ca. öS 18.100,–	ca. DM 2.600,–
Rand mit Beton verstärken	teilw. Eigenleistung	ca. 10 Stunden	
Pflanzen-Planktonbesatz		ca. öS 15.000,–	ca. DM 2.150,–
Bepflanzung	teilw. Eigenleistung	ca. 12 Stunden	
Bauleiter ca. 40 Stunden		ca. öS 19.200,–	ca. DM 2.750,–
2 Arbeiter ca. 70 Stunden		ca. öS 26.600,–	ca. DM 3.800,–
Aufenthalt/Diäten		ca. öS 8.400,–	ca. DM 1.200,–
Fahrtkosten		ca. öS 3.500,–	ca. DM 500,–

ca. 180 Arbeitsstunden		ca. öS 159.940,–	ca. DM 22.920,–

150 m² Oberfläche	mit Eigenleistung	ca. öS 195.000,–	ca. DM 27.900,–
200 m² Oberfläche	mit Eigenleistung	ca. öS 250.000,–	ca. DM 35.800,–
300 m² Oberfläche	mit Eigenleistung	ca. öS 330.000,–	ca. DM 47.200,–

Errichtung der Gesamtanlage durch eine Fachfirma

100 m² Oberfläche	ca. öS 220.000,–	ca. DM 31.500,–

150 m² Oberfläche	ca. öS 310.000,–	ca. DM 44.300,–
200 m² Oberfläche	ca. öS 360.000,–	ca. DM 51.500,–
300 m² Oberfläche	ca. öS 510.000,–	ca. DM 72.900,–

Besonders bei Badeteichen können größere Preisdifferenzen, je nach Gestaltung und verwendetem Material (Folie, Findlinge, Umwälzung etc.), auftreten. Ein wichtiger Faktor beim Preis sind Zufahrtsmöglichkeit, Gelände und Lage.

149

Kosten- und Arbeitsaufwand

Bauweise mit Holzrundlingen – Oberfläche 100 m²:

Beispiel: Bau eines Schwimmteiches in Südtirol mit viel Eigenleistung

Konzeption/Koordination/Baggeraufsicht		ca.	öS 15.500,–	ca.	DM 2.200,–
Baggerung		ca.	öS 10.500,–	ca.	DM 1.500,–
Planierarbeiten	Eigenleistung	ca.	8 Stunden		
Sandbett einbringen	Eigenleistung	ca.	8 Stunden		
Gewebeverstärkte Folie					
1,5 mm, ca. 180 m²		ca.	öS 32.500,–	ca.	DM 4.700,–
Ca. 180 m² Vlies		ca.	öS 4.340,–	ca.	DM 620,–
Holzrundlinge ca. 6 x 8 m		ca.	öS 13.300,–	ca.	DM 1.900,–
Einbau der Holzrundlinge	teilw. Eigenleistung	ca.	50 Stunden		
Einstieg gestalten	teilw. Eigenleistung	ca.	10 Stunden		
Substrat, Kies einbringen	teilw. Eigenleistung	ca.	80 Stunden		
Schotter-, Kies- u.					
Sandmaterial		ca.	öS 18.100,–	ca.	DM 2.600,–
Rand mit Beton verstärken	teilw. Eigenleistung	ca.	10 Stunden		
Pflanzen-, Planktonbesatz		ca.	öS 15.000,–	ca.	DM 2.150,–
Bepflanzung	teilw. Eigenleistung	ca.	12 Stunden		
Bauleiter ca. 40 Stunden		ca.	öS 19.200,–	ca.	DM 2.750,–
2 Arbeiter ca. 70 Stunden		ca.	öS 26.600,–	ca.	DM 3.800,–
Aufenthalt/Diäten		ca.	öS 8.400,–	ca.	DM 1.200,–
Fahrtkosten		ca.	öS 3.500,–	ca.	DM 500,–

ca. 180 Arbeitsstunden	ca.	öS 166.940,–	ca. DM 23.920,–

150 m² Oberfläche	mit Eigenleistung	ca. öS 198.000,–	ca. DM 28.300,–
200 m² Oberfläche	mit Eigentleistung	ca. öS 255.000,–	ca. DM 36.500,–
300 m² Oberfläche	mit Eigenleistung	ca. öS 335.000,–	ca. DM 47.900,–

Errichtung der Gesamtanlage durch eine Fachfirma

100 m² Oberfläche	ca. öS 228.000,–	ca. DM 32.600,–

150 m² Oberfläche	ca. öS 316.000,–	ca. DM 44.300,–
200 m² Oberfläche	ca. öS 365.000,–	ca. DM 52.200,–
300 m² Oberfläche	ca. öS 514.000,–	ca. DM 73.500,–

In Sägewerken werden verschiedene Qualitäten von Rundholz angeboten, gut geeignet sind gefräste Fichten-, Tannen- oder Lärchenrundlinge mit einem Durchmesser von 14–18 cm, auf zwei Seiten abgeflacht.

Kosten- und Arbeitsaufwand

Bauweise mit Betonbecken – Oberfläche 100 m²:

Beispiel: Bau eines Schwimmteiches in Salzburg mit viel Eigenleistung

Konzeption/Koordination/Beratung		ca.	öS 10.500,–	ca.	DM	1.500,–
Baggeraufsicht		ca.	öS 8.400,–	ca.	DM	1.200,–
Baggerung		ca.	öS 22.400,–	ca.	DM	3.200,–
Planierarbeiten	Eigenleistung	ca.	6 Stunden			
Errichtung Betonbecken ca. 5 x 8 m Eigenleistung		ca.	100 Stunden			
Material (Beton, Armierung, Schalungssteine)		ca.	öS 46.500,–	ca.	DM	6.650,–
Sandbett einbringen	Eigenleistung	ca.	8 Stunden			
Ca. 220 m² gewebeverstärkte Folie 1,5 mm, verlegt vor Ort inkl. Vlies und inkl. PVC-Befestigungsleisten		ca.	öS 103.600,–	ca.	DM	14.800,–
Kleinmaterial		ca.	öS 3.500,–	ca.	DM	500,–
Einstieg gestalten	teilw. Eigenleistung	ca.	12 Stunden			
Substrat, Kies einbringen	teilw. Eigenleistung	ca.	100 Stunden			
Schotter-, Kies- u. Sandmaterial		ca.	öS 23.100,–	ca.	DM	3.300,–
Rand mit Beton verstärken	teilw. Eigenleistung	ca.	10 Stunden			
Pflanzen-, Planktonbesatz		ca.	öS 16.000,–	ca.	DM	2.290,–
Bepflanzung	teilw. Eigenleistung	ca.	12 Stunden			
Bauleiter ca. 40 Stunden		ca.	öS 19.200,–	ca.	DM	2.750,–
2 Arbeiter ca. 70 Stunden		ca.	öS 26.600,–	ca.	DM	3.800,–
Fahrtkosten		ca.	öS 4.500,–	ca.	DM	650,–
Ca. 250 Arbeitsstunden		ca.	öS 284.800,–	ca.	DM	40.640,–

150 m² Oberfläche	mit Eigenleistung	ca.	öS 360.00,–	ca.	DM	51.500,–
200 m² Oberfläche	mit Eigenleistung	ca.	öS 450.000,–	ca.	DM	64.300,–
300 m² Oberfläche	mit Eigenleistung	ca.	öS 620.000,–	ca.	DM	88.600,–

Errichtung der Gesamtanlage durch eine Fachfirma

100 m² Oberfläche	ca.	öS 420.000,–	ca.	DM	60.000,–

150 m² Oberfläche	ca.	öS 540.000,–	ca.	DM	77.200,–
200 m² Oberfläche	ca.	öS 660.000,–	ca.	DM	94.300,–
300 m² Oberfläche	ca.	öS 880.000,–	ca.	DM	125.800,–

Das Betonbecken kann auch von einer Baufirma errichtet werden, die weiteren Arbeiten mit Eigenleistungen in Zusammenarbeit mit einer Fachfirma. Auch bei dieser Bauweise sind größere Preisdifferenzen möglich.

MUSTERPLÄNE

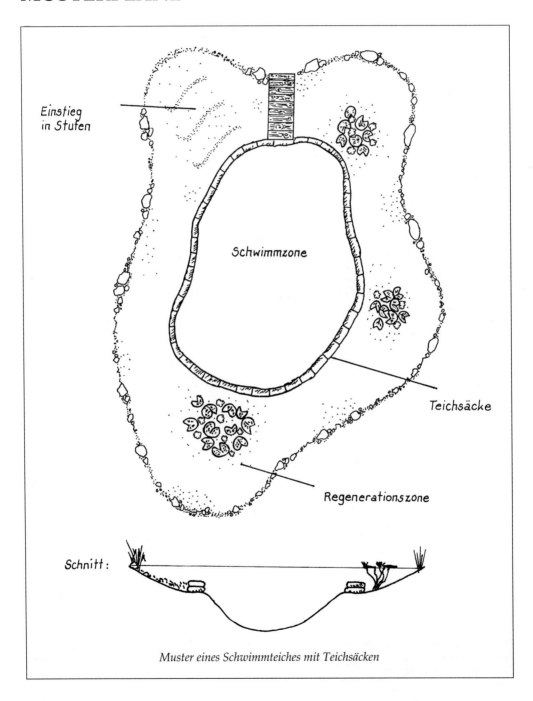

Muster eines Schwimmteiches mit Teichsäcken

Musterpläne

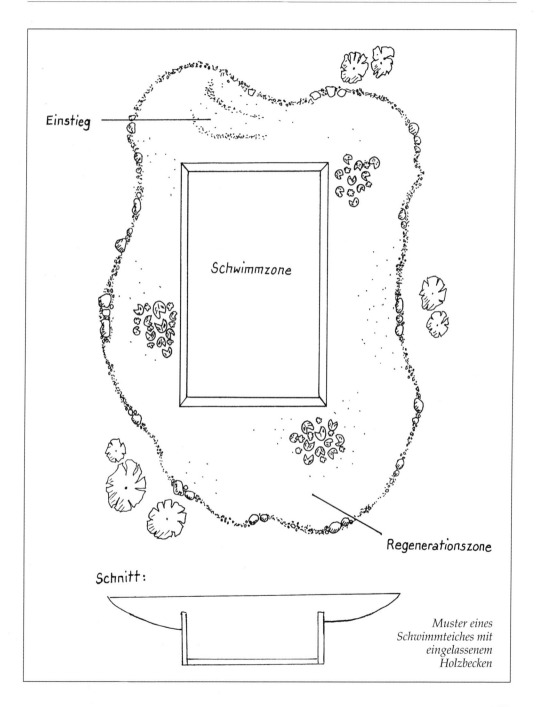

Muster eines Schwimmteiches mit eingelassenem Holzbecken

Musterpläne

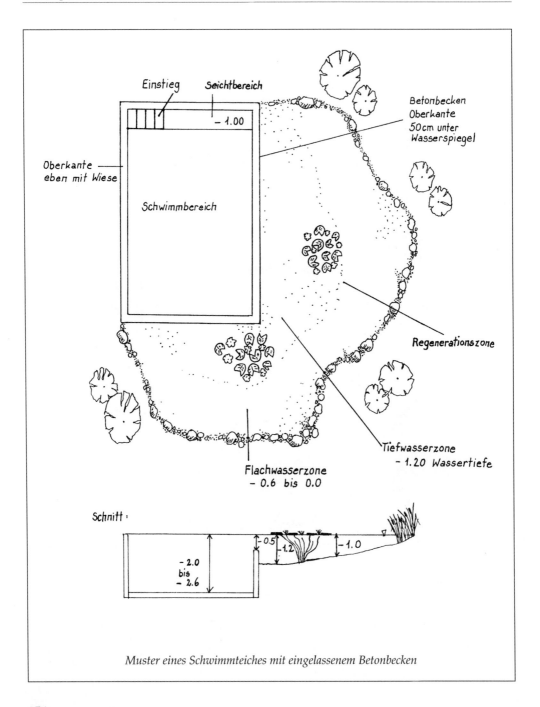

Muster eines Schwimmteiches mit eingelassenem Betonbecken

Musterpläne

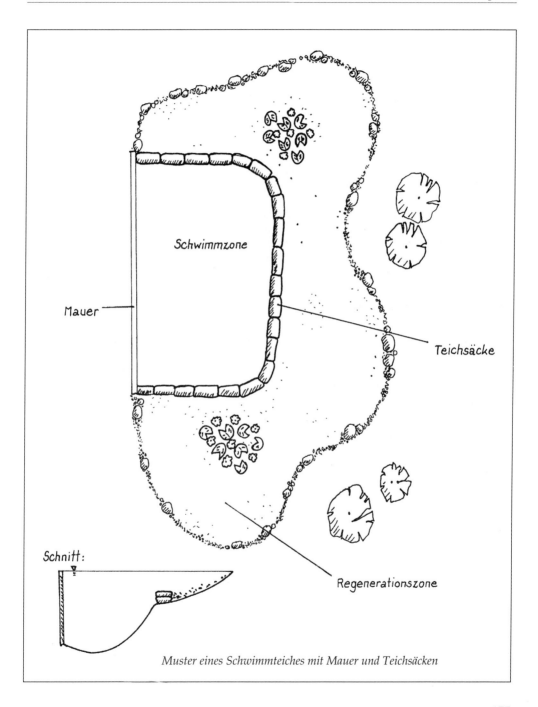

Muster eines Schwimmteiches mit Mauer und Teichsäcken

DIVERSE BEZUGSQUELLEN (STAND 2000)

Wasseruntersuchungen – ökotechnische Anlagen

Österreich

Dr. Axel Begert, Zivilingenieur für Chemie, Bachmanning Nr. 80, A-4672 Bachmanning, Tel. 07735/68 23

Eko-Plant GmbH, Entwicklungs- und Betriebsgesellschaft für ökotechnische Anlagen GmbH, Lindhofstraße 5/1, A-5020 Salzburg, Tel. 0662/42 27 17

Dipl. Ing. R. Haider, Hydrologische Untersuchungsstelle Salzburg, Lindhofstraße 5, A-5020 Salzburg, Tel. 0662/43 32 57-0, Fax 0662/43 32 57-42

Hygieneinstitut der Universität Graz, Univ.-Doz. Dr. Franz Mascher, Universitätsplatz 4, A-8020 Graz, Tel. 0316/38 00-43 84

IWA Institut f. Wasseraufbereitung, Abwasserreinigung und -forschung, Ipfdorferstr. 7, A-4481 Asten, Tel. 07224/65 4 08-0, Fax 07224/65 4 08-39

Paracelsus Forschungsinstitut, Schopperstraße 13, A-5020 Salzburg, Tel. 0662/51 0 20

Fischereibiologische und gewässerökologische Untersuchungen, BAW Institut für Gewässerökologie, Fischereibiologie und Seenkunde, Scharfling 18, A-5310 Mondsee, Tel. 06232/38 47, Fax. 06232/38 47-33

Deutschland

Dipl.-Ing. Torsten Markurt, Solarheizen mit dem Teich, Auenblickstraße 8, D-04469 Lützschena-Stahmeln, Tel. 0341/46 78 70, Fax 0341/461 44 48

DLW-Bautechnik, Stuttgarter Straße 75, D-74321 Bietigheim-Bissingen, Tel. 07142/ 71 2 91, Fax 07142/71 6 60

EKO-Plant GmbH, Entwicklungs- und Betriebsgesellschaft für ökotechnische Anlagen GmbH, Karlsbrunnenstraße 11, D-37249 Neu-Eichenberg, Tel. 05542/93 6 10, Fax 05542/93 61 68

Firmen und Hersteller

Österreich

BIOTOP Landschaftsgestaltung GesmbH, DI Petrich Peter, Hauptstraße 285, A-3411 Weidling, Tel. 02243/30 40 60, Fax 02243/30 40 60-22

Brandlmaier Gerhard KEG, Ingenieurbüro f. Wasserwirtschaft, Sportplatzstraße 11, A-4600 Wels, Tel. 07243/58 2 14, Fax 07243/58 2 14–14

Mag. Kern Angelika, Schwimmteiche – Gartengestaltung, Einödhofweg 20, A-8042 Graz/St. Peter, Tel. 0316/46 16 51, Fax 0316/46 40 71

DI Matula Günther, Baumschule, Gartenanlagen, Edramsberger Straße 34, A-4073 Wilhering, Tel. 07226/25 45-0, Fax 07226/25 45-20

Oase, Teichzubehör, Inn 9, A-4632 Pichl/Wels, Tel. 07247/49 0 56, Fax 07247/49 0 64

Sailer Karl, Gartengestaltung und Schwimmteichbau, Untermühlham 15, A-4891 Pöndorf bei Straßwalchen, Tel. 07684/72 71, Fax 07684/72 71-12

Schmidinger Helmut, Landschaftsgestaltung – Gartenteiche, Herzograd 48,
A-4300 St. Valentin, Tel. 07435/52 5 30, Fax 07435/52 5 30-4
WASSERGÄRTEN, Richard Weixler KEG, Schwimmteiche – Biotope – Zubehör, Aich-
bergstraße 48, A-4600 Wels, Tel. 07242/66 6 92, Fax 07242/66 69 24

Deutschland

DI Becker & DI Niemeyer, Landschaftsgestaltung, Hoher Heckenweg 83,
D-48147 Münster, Tel. 0251/23 62 17, Fax 0251/23 62 18
Landgraf J., Biotope – Gartengestaltung, Postfach 1255, D-89326 Burgau,
Tel./Fax 08222/73 47
WASSERGÄRTEN-KEG, Ökologische Schwimmbäder, Badeteiche – Biotope, Auen-
blickstraße 8, D-04469 Lützschena-Stahmeln, Tel. 0341/46 78 70, Fax 0341/461 44 48

Wasserpflanzengärtnereien

Österreich

BIOTOP, Hauptstraße 285, A-3411 Weidling, Tel. 02243/30 40 60, Fax 02243/30 40 60-22
NYMPHEA, Anna Dobler/Wolfgang Fleischer, Arbesthal 164, A-2464 Arbesthal,
Tel./Fax 02161/81 26
Seerosen – Kern, Einödhofweg 20, A-8042 Graz/St. Peter, Tel. 0316/46 16 51,
Fax 0316/46 40 71
Seerosen und Wasserpflanzen Richard Weixler, Aichbergstraße 48, A-4600 Wels,
Tel. 07242/66 6 92, Fax 07242/66 69 24
REED, c/o Eko-Plant GmbH, Entwicklungs- und Betriebsgesellschaft für ökotech-
nische Anlagen GmbH, Lindenhofstraße 5, A-5020 Salzburg, Tel. 0662/42 27 17,
Fax 0662/43 32 57 42

Deutschland

Die „Gesellschaft der Wassergartenfreunde" übermittelt Ihnen gerne die Adressen von
Wasserpflanzengärtnereien in der BRD und in der Schweiz:
Anschriften der Regionalgruppen:
Gesellschaft der Wassergartenfreunde, Karl Wachter, Wendenhof 8, D-93194 Walder-
bach, Tel. 09464/476, Fax 09464/12 28
Gesellschaft der Wassergartenfreunde, Arbeitskreis „Wasserpflanzen", Am Rübsa-
menwühl 22, D-67346 Speyer, Tel. 06232/63 0 40, Fax 06232/63 0 41
Gesellschaft der Wassergartenfreunde, Raum Kassel, Eichenbergerstraße 19,
D-34233 Fuldatal – Rothwesten, Tel. 05607/77 78, Fax 0560/78 88
Gesellschaft der Wassergartenfreunde, Ost, Obergangstraße, D-07552 Gera-Langen-
berg, Tel./Fax 0365/420 20 01
Gesellschaft der Wassergartenfreunde, Raum Nürnberg – Oberbayern, Neunkirche-
nerstraße 15, D-91090 Effeltrich, Tel. 09133/77 6 60, Fax 09133/77 66 77

Bezugsquellen und Literatur

Gesellschaft der Wassergartenfreunde, Norddeutschland, Rollbarg, D-25482 Appen–Etz,
Tel. 04101/62 5 11, Fax 04101/61 0 26
Gesellschaft der Wassergartenfreunde, Nordrhein-Westfalen, Hansell 155,
D-48341 Altenberge, Tel. 02505/16 33, Fax 02505/39 67

Schweiz

Gesellschaft der Wassergartenfreunde, Emil Kühne, Mühlenstraße 54,
CH-9030 Abtwil, Tel. 071/31 19 04, Fax 071/31 24 30

Bezugsquelle für Edelkrebse: Ing. Johannes Hager, Seestr. 22, A-3293 Lunz am See,
Tel. 0663/918 85 78
Bezugsquelle für Kleinfischarten u. Muscheln: Teichwirtschaft Waldschach, Paul
v. Menzel, Schloß Waldschach 1, A-8521 Wettmannsstätten, Tel. 03185/22 21-0
Abfischungen, Beratung bei Problemen mit Fischen: ARGE PROFisch,
A-3293 Lunz a. See, Tel. 0663/918 85 78

LITERATUR

Alexandersson, O., *Lebendes Wasser,* Ennsthaler Verlag, Steyr/OÖ, 1995
Bellmann, H., Steinbach G., *Leben in Bach und Teich,* Mosaik Verlag, München, 1988
Dobler, A. und Fleischer, W., *Der Schwimmteich im Garten,* Orac Verlag, Wien, 1997
dies., *Schwimmteiche,* Orac Verlag, Wien, 1999
Franke, W., *Faszination Gartenteich,* BLV Verlag, München, 1992
ders., *Der Traum vom eigenen Schwimmteich BLV Verlag, München, 1999*
Gamerith, W., *Naturgarten. Der sanfte Weg zum Gartenglück,* Christian Brandstätter Verlag, Wien, 2000
Hager, J., *Edelkrebse,* Leopold Stocker Verlag, Graz, 1996
Hutter, C. L., Kapfer, A. und Konold W., *Seen, Teiche, Tümpel und andere Stillgewässer,* Weitbrecht Verlag, Stuttgart, 1993
Ludwig, H. W., *Tiere in Bach, Fluß, Tümpel, See,* BLV Verlag, München, 1993
Nöllert, A. u. Ch., *Die Amphibien Europas,* Frankh – Kosmos, Stuttgart, 1992
Rothstein, H., *Ökologischer Landschaftsbau,* Ulmer Verlag, Stuttgart, 1995
Schwoeberl, J., *Einführung in die Limnologie,* Fischer Verlag, Stuttgart, 1993
Stein, S., *Bachläufe und Badeteiche selber bauen,* Callwey Verlag, München, 1995
Stein, S., *Wassergärten, naturnah gestalten,* BLV Verlag, München, 1984
Steinbach, G., *Leben in Bach und Teich,* Mosaik Verlag, München, 1988
Thielcke, G., Hutter, C. P., Herrn, C. P. und Schreiber, R. L., *Rettet die Frösche,* Edition Weitbrecht, Stuttgart, 1991
Wachter, K., *Der Wassergarten,* Ulmer Verlag, Stuttgart, 1978
Wachter, K., *Seerosen –* Ulmer Verlag, Stuttgart, 1998

NACHWORT

Die Idee des Schwimmteiches stammt zwar ursprünglich aus Deutschland, sie wurde jedoch in Österreich weiterentwickelt und zur „Blüte gebracht". Viele verschiedene Bauweisen und Systeme wurden entwickelt. Von 1985 bis 2000 sind wahrscheinlich mehr als 8.000 Schwimmteiche von österreichischen Fachbetrieben konzipiert und errichtet worden. Damit die wissenschaftliche Untersuchung und Dokumentation von Schwimmteichen verschiedener Bauweisen gesichert ist, haben sich führende Schwimmteichbauer zusammengeschlossen.

„Verband der Österreichischen Schwimmteichbauer"
Da in den letzten Jahren nicht nur die Schwimmteiche einen „Boom" erlebten, sondern auch die Erbauer immer mehr wurden, häuften sich auch die Fehler und Beschwerden, da leider viele Betriebe nicht über das notwendige Know-how verfügten. Um den Ruf und die Qualität der Schwimmteiche wieder zu heben, setzten sich die führenden Schwimmteichbauer Österreichs an einen Tisch und gründeten den *Verband der österreichischen Schwimmteichbauer.*

Zu den Zielen des Verbandes gehört die Förderung von Schwimmteichen allgemein, im besonderen die wissenschaftliche Untersuchung durch unabhängige Institute von Universitäten. Dies geschieht vor allem im Dienste der Volksgesundheit – besonders die hygienischen Verhältnisse in einem Schwimmteich sollten unbedenklich sein. Vom Hygieneinstitut der Universität Graz und dem Institut für Wasseraufbereitung Linz wurden u. a. 45 private und öffentliche Anlagen zu einem Zeitpunkt (August) untersucht, wo eine Belastung durch hygienisch relevante Keime am ehesten zu erwarten war.

Erfreulicherweise gab es *so gut wie keine* Grenzwertüberschreitungen – das heißt, daß das Baden in Schwimmteichen wirklich so gesund ist, wie in Werbungen oft ausgedrückt.

Der Verband investiert jährlich große Summen in die wissenschaftliche Erforschung und Entwicklung. Neue Systeme werden untersucht und getestet – es entstand ein umfangreicher „Know-how-pool" mit vielen Kontakten zu Universitäten, Instituten und Firmen im In- und Ausland. Für den Konsumenten soll es in Kürze Empfehlungen geben, für die Betriebe, deren Anlagen untersucht wurden, ein Gütesiegel.

Bereits in den ersten beiden Jahren wurden über 30 Betriebe in den Verband aufgenommen.

Firmen, die mehrere Schwimmteiche, welche älter als 5 Jahre sein müssen, nennen, erhalten das Gütesiegel des Verbandes, wenn die Schwimmteiche der strengen Überprüfung standhalten.

Kontaktadresse: Verband der Österreichischen Schwimmteichbauer, A-4600 Wels, Aichbergstraße 48.28

Becker & Niemeyer
Gartenarchitektur und Badeteiche

Natur erleben — Lebensraum schaffen

Badeteiche individuell und vielseitig

Individuelle, **objektbezogene Teichplanung** und Ausführung. Umbau und **Sanierung alter Schwimmbecken** zu Naturbadeteichen. **Badeteichbausätze** für den Eigenbau. Incl. aller Materialien und Bauanleitungen. **Sämtliches Badeteichzubehör** wie z.B.: Reinigungspumpen, Filteranlagen, UVC-Licht, Reinigungssubstrate, Teichpumpen, Teichabdecknetze, Netzstützen und vieles mehr.

Hoher Heckenweg 83
48147 Münster
Tel: 0251/236217
Fax: 0251/236218

Die neue Poolgeneration der biologischen Art

Es gibt sie bereits, Schwimmbecken mit chemiefreier Wasserreinigung

Wir baden in reinem Wasser der Qualität unserer Voralpenseen, ohne Hautreizungen und Augenbrennen.

Der Einsatz neuer Technologien macht es möglich. Nach dem patentierten System BioNova wird das Badewasser mechanisch und biologisch gereinigt. Dabei werden schwebende Verunreinigungen ausfiltriert. Die Aufarbeitung der im Wasser gelösten organischen Substanzen sowie die Beseitigung gesundheitsschädlicher Keime erfolgt vollbiologisch.

Die Reinigungsleistung übernehmen speziell gezüchtete Bakterienkulturen mit Unterstützung von Sauerstoff. Das Endprodukt des biologischen Abbaues sind im Wasser gelöste Pflanzennährstoffe. Die anfallende sogenannte „biologische Asche" wird in einem speziellen Feinfilter zurückgehalten. Ionisch vorliegende Salze von Phosphor und Stickstoff werden gebunden bzw. von Pflanzenwurzeln direkt aufgenommen. Chemikalienzugabe fällt weg. Die Filter enthalten Kartuschen, gefüllt mit Nährstoffbinder, die jährlich ausgetauscht werden.

Die neue Generation Swimmingpools besteht aus dem eigentlichen Schwimmbecken mit üblicher Hydraulik.

Die Wasserumwälzung ist hinsichtlich Strömungsgeschwindigkeit und Leitungsquerschnitte dem naturnahen System angepaßt. Die Grobabsonderung von Biomasse läuft über Skimmer oder Überlaufrinne. Die biologische Reinigung erfolgt über speziell aufgebaute Bodenfilter, die teilweise unterirdisch angelegt sind.

EUROPAWEIT MEHR ALS 500 ANLAGEN VON 50 BIS 5.000 m²

BioNova® BADETEICHE

EXCLUSIVE PRIVATPOOLS
MIT VOLLBIOLOGISCHER WASSERREINIGUNG

KOMMUNALE PROJEKTE

HOTELANLAGEN

PLANUNG UND BAULEITUNG

BioNova AUSTRIA
G. BRANDLMAIER KEG
PLANUNGSBÜRO FÜR VOLLBIOLOGISCHE NATURBÄDER
A-4600 WELS
SPORTPLATZSTRASSE 11
TEL: 07243/58214, FAX: DW 14
E-MAIL: dichtungsbau@aon.at

BioNova DEUTSCHLAND
DIPL.-ING. RAINER GRAFINGER
PLANUNGSBÜRO FÜR VOLLBIOLOGISCHE NATURBÄDER
D-85232 BERGKIRCHEN
ST. NIKOLAUS-STRASSE 2
TEL: 08131/3547-03, FAX: DW 04
E-MAIL: RGrafinger@aol.com

BioNova SCHWEIZ
ING. HANS GRAF GARTENBAU
PLANUNGSBÜRO FÜR VOLLBIOLOGISCHE NATURBÄDER
CH-3065 BOLLINGEN
KRAUCHTHALERSTRASSE 6
TEL.: +41/31/9210097, FAX: +41/31/92214583
E-MAIL: HANSGRAF@BLUEWIN.CH
PAGE: WWW.GRAF-GARTENBAU.CH

BioNova ITALIEN
DI ANDREAS WILD
PLANUNGSBÜRO FÜR VOLLBIOLOGISCHE NATURBÄDER
I-29049 STERZING
NEUSTADT 12
TEL.: +39/472/765 642, FAX: DW 823

Lizenzpartner Deutschland *(gebietsgeschützt)*

◆ Begrünungstechnik Holle	31188	Holle
◆ Manuela Bielert	99891	Tabarz
◆ Josef Limbrunner	94569	Stephansposching
◆ Busch GmbH	87724	Ottobeuren
◆ Johannes Folger	83229	Aschau
◆ Knichel GmbH	66539	Neunkirchen
◆ Werner Hocke	56368	Herold
◆ S&S Schoblocher	56170	Bendorf
◆ Peter Clahsen	41812	Erkelenz
◆ Stephan Zinke	37318	Arenshausen
◆ Niklas Sobotta	34305	Niedenstein
◆ Schuhmacher & Wellbrock	28355	Bremen
◆ Carsten Sugaisky	23881	Niendorf a. St.
◆ Werner Niemitz	65375	Oestrich Winkel

Verarbeitungsbetriebe Deutschland und Österreich

◆ SE Bau GmbH	80909	München
◆ Deppisch & Deutschmann	81249	München
◆ DI Reischl	94164	Sonnen
◆ Jackl Grünbau	1020	Wien
◆ Ing. Kuhbacek	1210	Wien
◆ Keifl	2630	Ternitz
◆ Ing. Dallhammer	3100	St. Pölten
◆ DI Lipp	4073	Wilhering
◆ Zauner	4113	St. Martin
◆ Halbartschlager	4400	Steyr
◆ ÖKO Plant	4600	Wels
◆ Schmid	4760	Raab
◆ Kerschdorfer	6272	Stumm Zillertal
◆ Pleyer	7082	Donnerskirchen
◆ Seerosen Kern	8042	Graz
◆ Höfler	8182	Weiz
◆ Reischenböck	8992	Altaussee
◆ Teuffenbach	9552	Steindorf

J. Landgraf

Individuelle Naturgärten,
Teiche, Bäche
und Wasserfälle,
Steingärten,
Blumenwiesen etc.
plant und realisiert
für Sie

Biotopgestaltung
Ökologische Traumgärten
Pflanzen für naturnahe Gärten

Postfach 1255
D-89326 Burgau
Telefon und Fax (0 82 22) 73 47
Mobiltelefon (0 171) 535 12 53

Natürlich, der schönste Schwimmteich.

Das reine Wasser im Teich bringt Leben in Ihren Garten.

Seit 1975 beschäftigt sich D.I. Günther Matula mit Gartengestaltung und seit 10 Jahren mit der Planung und Erstellung von Schwimmteichen. Bei Matula Gartengestaltung steht die Natur im Mittelpunkt, weil die langjährige Erfahrung gezeigt hat, dass damit der Schwimmteich ein natürliches Gleichgewicht bekommt und damit besser funktioniert. Bei der Planung und Erstellung von Schwimmteichen legt Matula großen Wert auf die Integration mit dem bestehenden Garten.

Dipl. Ing. Günther
Matula
Gartengestaltung
am Edramsberg

A-4073 Wilhering, Österreich, Edramsberger Straße 34, **Tel.:** **++43 7226/25 45**, Fax: DW 20, office@matula.at, www.matula.at

Mitglied bei: GALABAU, Vorstandsmitglied im Verband der Österreichischen Schwimmteichbauer

KARL SAILER

Biologisch-technischer Schwimmteichbau

Ihr Partner für:

- *Biotop- u. Schwimmteichsanierung*
- *Gartengestaltung*
- *Absauggeräteverleih*
- *Biologische Algenbekämpfung*

A-4891 Pöndorf · Untermühlham 15 · Telefon (0 76 84) 72 71 · Fax 72 71-12
e-mail: sailer@geocomp.at, homepage: www.sailer.at

A-8042 GRAZ • Einödhofweg 20
Tel. (0 316) 46 16 51 • Fax (0 316) 46 40 71
MAG. ANGELIKA KERN

SCHWIMMTEICHE

BIOTOPE

GARTENANLAGEN

WASSERPFLANZEN U.
SEEROSEN (AUCH NEUHEITEN!)

POSTVERSAND IN ALLE
BUNDESLÄNDER

Teich + Garten©
H. Schmidinger

Gartenteiche –
Schwimmteiche
Gartengestaltung
Planung – Ausführung
Sämtliches Zubehör

A-4300 ST. VALENTIN, HERZOGRAD 48
TEL. (0 74 35) 52 5 30, FAX (0 74 35) 52 53 04

**Mitglied des Verbandes der
Österreichischen Schwimmteichbauer**

Das reinste Vergnügen.

Der Original *SWIMMING-TEICH* ist mehr als die bloße Kombination von Teich und Pool. Er ist eines der schönsten Beispiele, wie sinnvoll intelligente Nutzung – statt Ausnutzung – der Natur sein kann. Mit der Erfahrung und Sicherheit, die eben nur der Erfinder des Swimming-Teiches bieten kann. Seit 1985.

Profitieren Sie von dieser Erfahrung unter

Deutschland: (089) 52 31 40 20
Schweiz: (055) 212 33 83
Österreich: (02243) 30 406
Zentrale: **Biotop GmbH**
A-3411 Weidling, Hauptstraße 285
Internet: http://members.magnet.at/biotop